四书五经里的学问

季风 著

北京大学出版社
PEKING UNIVERSITY PRESS

图书在版编目（CIP）数据

四书五经里的学问 / 季风著. —北京：北京大学出版社，2017.1
ISBN 978-7-301-27683-9

Ⅰ.①四… Ⅱ.①季… Ⅲ.①四书—研究 ② 五经—研究 Ⅳ.①B222.15 ②Z126.27

中国版本图书馆CIP数据核字（2016）第 267669 号

书　　　名	四书五经里的学问 SISHU WUJING LI DE XUEWEN
著作责任者	季　风　著
责 任 编 辑	刘　维　李淑华
标 准 书 号	ISBN 978-7-301-27683-9
出 版 发 行	北京大学出版社
地　　　址	北京市海淀区成府路 205 号　100871
网　　　址	http://www.pup.cn　　新浪微博：@北京大学出版社
电 子 信 箱	hzghbooks@163.com
电　　　话	邮购部 62752015　发行部 62750672　编辑部 65913539
印　刷　者	北京嘉业印刷厂
经　销　者	新华书店
	880 毫米×1230 毫米　A5　7 印张　123 千字 2017 年 1 月第 1 版　2018 年 4 月第 2 次印刷
定　　　价	32.00 元

未经许可，不得以任何方式复制或抄袭本书之部分或全部内容。
版权所有，侵权必究
举报电话：010-62752024　电子信箱：fd@pup.pku.edu.cn
图书如有印装质量问题，请与出版部联系，电话：010-62756370

目录
Contents

前言 ... I

第一章 / 《大学》：大学之道，在明明德，在亲民

"三纲领"和"八条目"指的是什么？ ... 003

《大学》提出的教育纲领和培养目标是什么？ ... 008

怎样才能做到"齐家、治国、平天下"？ ... 012

"仁者以财发身，不仁者以身发财"讲述了什么道理？ ... 016

第二章 / 《中庸》：中者天下之正道，庸者天下之定理

"中庸之道"对人的修养提出了哪些要求？ ... 023

如何把握中庸的"动中取衡，静中就重"？ ... 028

中庸追求的最高修养境界是什么？ ... 032

第三章 /《论语》：温故而知新，可以为师矣

"朝闻道，夕死可矣"体现了孔子怎样的道德观？ ... 039
"君子无所争"对人的修养提出了哪些要求？ ... 043
什么是《论语》中的"温故而知新"？ ... 048
《论语》是如何教我们孝敬父母的？ ... 052
《论语》主张人与人之间该如何相处？ ... 057

第四章 /《孟子》：性本善，施仁政，民贵君轻

为什么说"民为贵，社稷次之，君为轻"？ ... 063
如何理解孟子所说的"夫仁政，必自经界始"？ ... 068
孟子为什么说要"易子而教"？ ... 072
如何理解"诚者，天之道也"中的"诚"？ ... 076
孟子为何说"尽信书，则不如无书"？ ... 079

第五章 /《诗经》：诗三百，一言以蔽之

《诗经》中的"六艺"指的是什么？ ... 085
《关雎》体现了对人的哪些美好想象？ ... 091
"知我者，谓我心忧"抒发的是一种怎样的情怀？ ... 094

"执子之手,与子偕老"体现了一种怎样的情感? ... 097
《诗经》具有怎样的价值? ... 102

第六章 /《尚书》:明仁君治民,明贤臣事君

《尚书》中的"尚"有什么含义? ... 109
"无稽之言勿听"道出了怎样的明君观? ... 113
《尚书》中提到的禅让是比世袭更先进的制度吗? ... 118

第七章 /《礼记》:往而不来非礼也,来而不往亦非礼也

《礼记》中的"小康""大同"分别指的是什么? ... 125
儒家弟子对"礼义"看得有多重? ... 131
儒家弟子应该拘泥于礼还是要懂得变通? ... 136
《礼记》告诉我们应该怎样为学? ... 141

第八章 /《周易》:君子以俭德辟难,不可荣以禄

为什么说《周易》是一部论"变"法的奇书? ... 147
《周易》是占卜之书还是修身之书? ... 151
《周易》属于阴阳学说吗? ... 156

《周易》六十四卦中包含了哪些哲理？... *161*

《易传》是对《易经》的曲解吗？... *167*

第九章 /《春秋》：必尊以经而后读之，须怀以诚敬之心

后人所说的"春秋笔法"指的是什么？... *175*

《春秋》是历史学著作还是政治学著作？... *179*

孔子为什么要写《春秋》？... *184*

《春秋》中的"大义"是"忠义"吗？... *189*

为什么孔子说"知我者，其惟《春秋》乎！罪我者，其惟《春秋》乎！"... *195*

为什么说"《春秋》，天子之事也"？... *201*

《曹刿论战》体现了哪些儒家思想？... *206*

前言
Preface

　　"四书""五经"是儒家经典,最能代表儒家思想。其中的"四书"指的是《大学》《中庸》《论语》和《孟子》,"五经"指的是《诗经》《尚书》《礼记》《周易》和《春秋》。

　　那么,什么是儒家思想呢?儒家思想也称"儒教"或"儒学",是由春秋末期的思想家孔子创立,是以强调尊卑等级的"仁"为核心的思想体系,它作为中国最大的思想派别,在当时有着崇高的地位。儒家思想有其独特的表现形式,具体表现为:政治上,极力主张当时的统治者要实行"仁政",通过"礼"来合理地调节当时的君臣、父子、官民之间的各种关系;经济上,主张重情义、轻利益;文化上,以儒家思想为核心,主张将先秦诸子百家学说融为一体;道德上,以"仁"为核心,强调要依据它的相关内容进行修身养性,然后合理地调节人与人之间的关系……

"四书""五经"是由孔子与他的弟子以及后学编写而成的,体现了儒家思想的相关内容。孔子生活的那个年代,诸侯之间纷争不断、社会动荡,百姓常常流离失所、无处安身。在这样的情形下,孔子提出了以"仁"为核心的儒家思想,希望能通过传播这些思想改变当时混乱不堪的局面,让老百姓都能够过上太平和谐的生活。在孔子的内心深处,有胸怀天下的伟大抱负。

孔子先是在鲁国走上仕途,但最后的结果不尽如人意,他不得不带领弟子们逃往齐国。47岁那年,孔子退出官场,开始编订《诗经》《尚书》《礼记》等,并带领弟子们周游列国,宣传他的思想主张,一直到68岁才结束颠沛流离的生活。正是这样的生活经历让孔子在思想上有了一个大爆发,我们今天才能够看到"修身、齐家、治国、平天下"和"温故而知新,可以为师矣"这样的至理名言,欣赏到"关关雎鸠,在河之洲。窈窕淑女,君子好逑"这样美的诗句。

历史的脚步一直走到了汉代,汉武帝采纳董仲舒"罢黜百家,独尊儒术"的建议后,儒家思想逐渐被推到了至高无上的位置,进而成为历朝历代最为推崇的治国思想。元仁宗延祐年间,恢复科举考试后,考试题目被限定在"四书"范围内。明清沿袭元代,仍以"四书"为主要考试范围,并推出"八股文"的考试文体,彼时,"四书"由儒学经典变为全国统一的教科书。这些书由当时的官府普及到民间,对当时的社会以及后世产生了重大影响。

随着时代的发展,"四书""五经"虽然不再是我们考试必备的教科书,也不再是我们生活中的必读书,但是作为儒家经典的精华,我们应该将其传承下去。

之所以写这本书,首先,是想让读者领略"四书""五经"的精华;其次,是想让读者了解"四书""五经"的内容体系和主题思想;再次,有侧重点地针对每部书的重要思想、观点以及社会影响力进行分析解读,是希望读者能够更快地了解"四书""五经",并对之产生一定的兴趣,然后能够进行深入研究,为儒家思想的传播出一份力。希望读者能够通过这本书更多地关注国学,感受国学的魅力。

第一章

《大学》：大学之道，在明明德，在亲民

　　《大学》是儒家阐发"修身、齐家、治国、平天下"这一思想的作品。在《大学》中,编者提出的"三纲领"和"八条目"对古代中国社会的思想教化起到了非常重要的影响。从内容看,《大学》主要收录的是先秦时期儒家诸子对于道德修养的观点;从文风看,《大学》言简意赅的行文风格、积极向善的训诫引导,给中国社会带来了上千年的显著影响。

　　当然,《大学》的成书毕竟是两千多年前的事了,其中的部分教义已经不能适应当前社会的发展状况。我们在学习过程中,应分门别类,取其精华,去其糟粕,学习古人良好的束己修身之道,这才是最重要的。

"三纲领"和"八条目"指的是什么?

《大学》开篇就提出了"大学之道,在明明德,在亲民,在止于至善"。朱熹把"明德""亲民""止于至善"称为"三纲领"。这"三纲领"是递进关系,也是理想人格实现的保障。"八条目"是《大学》里所说的修养方法,分别是:格物、致知、诚意、正心、修身、齐家、治国、平天下。前四条是对自身而言的修炼,后四条是修身产生的必然结果,两者互为因果。"三纲领"和"八条目"是儒家实现"内圣外王"的根本方法。何为"内圣外王"?"内圣"就是使自己具有圣人的才德,具体表现为格物、致知、诚意、正心、修身;"外王"是对外推行王道,具体表现为齐家、治国、平天下。所以,理解"三纲领"和"八条目"对于领悟《大学》的内涵具有十分重要的意义。我们先来阐述"三纲领"。

第一,明德。就是说人要有灵明的德行,不能受到任何污染。朱熹认为"德"属于先天的范畴，它可以与天地相通，不能靠后天的规范加以束缚，所以明德也是一个返璞归真，找到先天善良本性的过程，也有人认为加入孔子的"据于德"思想会更全面。所以明德既有道家返璞归真、找回本性的意思，也有儒家"据于德"的实践学习思想。但根本上还是要求明白人心向善的道理。

第二，亲民。就是在明德的基础上净化自己心灵的同时，帮助他人除去污染心灵的东西，使他们和自己一样能够达到明德的层次。如果说明德是一个无为、顺应自然的过程，那么亲民就是一个有为、助人为乐的过程，这也是孟子从遵守仁义、礼义到仁政的思想总结。一个人的明德终究力量有限，要想实现天下大同，就必须每一个人共同努力，故亲民也有团结群众、肯定群众力量的意思。

第三，止于至善。"至善"就是最高的美德目标和道德境界，是先天的明德和后天的亲民共同作用的目标；"止"代表了最高的权威。至善在社会伦理道德方面和朱熹的"存天理，灭人欲"是异曲同工的，而在政治思想方面就是严格遵守儒家的礼仪规范，并把这种规范推到极致，从而消灭自己的私欲。所以说，至善是超脱人欲的大道，是天地的准则。

朱熹认为，人生来都是一心向善的，只是后天心灵受到了污染，欲望膨胀，造成了世道的混乱，所以人首先需要明德，从而不受外界影响地探索内心世界，抛弃后天的束缚，得到先天的纯真。自己做到这一点后，开始推广到自己身边的人，最后潜移默化到所有世人的心中。

如何把"三纲领"具体地实行下去呢？如何化抽象为形象呢？这就需要我们了解"八条目"。

第一，格物。"格"就是研究的意思，就是要人们深入研究事物的道理，增长见识，在读书和实践中求知，把事物的道理吃透。

第二，致知。就是获得知识，把事物的真理搞清楚。就如一面镜子，本来晶莹透彻、没有杂质，有了灰尘之后就会暗淡不清，这时就需要擦去灰尘，使镜子恢复昔日的明亮。这个擦去灰尘的过程就是致知。

第三，诚意。就是要我们在修养德行的过程中不可自欺欺人，思想一定要发于心，不能对人有所掩饰，也不能违背自己的心。

第四，正心。就是要除去各种慌张、不安的情绪，不为物欲所蔽，保持心灵的安静，从而收敛自己的情感。

第五，修身。就是要不断提高自己的品德修养。只有自身的品行端正，无邪念，才能为大家所认同。修身是格物、致知、诚意、正心的落脚点，又是齐家、治国、平天下的根本。不修身的话，齐家、治国、平天下就无从谈起。

第六，齐家。就是经营好自己的家庭。想要经营好家庭，首先要教育好子女，其次要和自己的妻子友好相处——只有自己的家庭和睦才能更好地帮助别人，才能让其他人心悦诚服，纷纷效仿。

第七，治国。就是要实行仁政，以德治国。君主开明，体恤臣子，爱护万民，而且能够亲贤臣、远小人，才能将仁和礼推及万民。

第八，平天下。就是让天下太平，实现长治久安。它和治国类似，只不过治国限于自己管辖的领土，而平天下包括阻挡敌国的进攻，保护民众的安全，最终还要把仁政推及敌国，实现天下大同。

《大学》说："物格而后知至，知至而后意诚，意诚而后心正，心正而后身修，身修而后家齐，家齐而后国治，国治而后天下平。"可见"八条目"的顺序是递增的：人首先要格物致知，对事物了解、深究之后才能寻求到心灵的安宁，即诚意、正心；这些又是修身的先决条件，当自身足够完善后，就需要经营自己的家庭；这些都做好后，就该出仕了，这时要运用自己的仁政治理国家；最后的平天下是自我价值的实现，也是个人发展的极致。

其实，"三纲领"也是同样的道理，明德、亲民之后，至善把个人修养提升到了极致。

"三纲领"和"八条目"互为犄角地阐述了《大学》的思想核心,也是每个儒家弟子修养自身、出将入相之前的根本法则。

《大学》提出的教育纲领和培养目标是什么？

《大学》原来是一篇论述儒家修身养性、治国平天下的思想散文，相传是由曾子写的。它是秦汉时期儒家的作品之一，是一篇古代中国探讨教育理论的重要著作。经过北宋程颢、程颐和南宋朱熹的极力推荐，最终和《中庸》《论语》《孟子》并称为"四书"。宋、元以后，《大学》成为官方的教科书和考生的必读书。

"为人君，止于仁；为人臣，止于敬；为人子，止于孝；为人父，止于慈；与国人交，止于信。"这是《大学》提出的教育纲领和培养目标，意思是说：作为一国之君要懂得仁爱，身为臣民要懂得恭敬之礼，为人子女要懂得孝道，为人父母要懂得慈祥，与别人交往要讲究诚信。这些话告诉我们，在日常生活中，各种身份的人都要有相应的道德标准。

首先我们从"为人君，止于仁"这个角度来讲。作为一国之君如果连最起码的仁者之心都没有的话，就会成为一个暴君。纵观中国历史，暴君的下场似乎都不是很好，而怀有仁者之心的仁君即使过了千百年，仍然会被后人津津乐道。

商纣王是一个名副其实的暴君，炮烙之刑相传就是他发明的。所谓炮烙之刑，就是将铜柱子放在火上烤红，然后将受刑的人捆在上面，人的皮肤马上就会被烫焦，由此带来的痛苦令人不寒而栗。商纣王十分宠信一个叫苏妲己的妃子，她宣称自己能看出孕妇肚子里怀的是男孩还是女孩。商纣王不信，于是命人在全国抓来几百名孕妇，让妲己猜测她们怀的是男孩还是女孩，等她说出答案之后，就叫人活生生地把那些孕妇的肚子剖开，看看是不是真像妲己说的那样。除此以外，商纣王还乱杀忠臣、百姓，弄得天下人苦不堪言。面对这样的暴政，历史上出现了著名的"武王伐纣"事件，最后商纣王被周武王姬发所带领的正义之师击败。

与商纣王相反的是被后人盛赞的清圣祖康熙大帝：8岁时登上皇位，14岁亲政，拥有雄心壮志——把国家治理好，让老百姓过上富足而安宁的生活。他在少年时就挫败了当时的奸臣鳌拜，使得很多忠臣免受鳌拜的残害；成年后又先后平三藩、驱沙俄、怀柔蒙古各部。在他在位的61年里，清朝的国运达到了最高峰，开创了历史上著名的"康乾盛世"。

从"为人臣，止于敬"这个角度来看，作为一国的臣民，不管你是吃皇粮还是背朝天，最起码的恭敬之礼还是要有的。恭敬有时候不只是在恭敬他人，也是在恭敬自己。无论你处在一个什么样的位置上，如果连最起码的恭敬之礼都不懂的话，又怎么能得到别人的尊重呢？如果一个人总是不懂得尊重别人，看到别人不是嗤之以鼻就是恶语相加，那这个人肯定会被众人厌恶。

再来说"为人子，止于孝"。作为子女，是父母给了我们生命，给了我们一切。但在现实生活中，总有那么一些子女对父母的态度非常蛮横，甚至在父母年老时还要抛弃他们，让他们过着特别心酸的生活。这样的人，即使取得了再大的成就，有再高的地位，也还是个失败者。因为，乌鸦还知道反哺，而他们却连动物都不如。

三国时，有一个著名的孝子名叫孟宗，他很小的时候父亲就去世了，母子二人一直过着十分贫寒的生活。但即便是这样，不管母亲想吃什么，他一定会想办法满足她。一天，他的母亲生了很严重的病，突然很想吃竹笋煮汤。当时正值寒冬，到哪里去找竹笋呢？于是，孟宗跑到竹林里痛哭起来。突然，竹林里的冰雪都慢慢融化了，他发现地上冒出了很多竹笋。有人说，正是他的孝顺感动了天地，才让冬雪融化、竹笋冒出的。

"为人父，止于慈"其实是一句很大众的话。为人父母其实很不容易——对子女太严肃，子女会和你产生距离感；对子女太放松，子女就不会听你的。但是无论如何，为人父母者都要记住：对待子女既不要太凶狠也不要太放肆，只要慈祥就行。

最后说说"与国人交，止于信"。诚信是一个人立世的标准，人无信则不行。儒家认为："诚者，天之道也。"意思是，诚实是天的道路，而追求诚实是人类的道路。也就是说，只有你拥有了一颗诚实的心才能感动别人，才能得到别人的信任。

综上所述，《大学》综合了儒家思想里的各种道德修养要求，是对儒家思想的进一步巩固和拓展。《大学》具有深刻的内涵，主要叙述了先秦儒家的道德修养标准和关于道德修养的基本原则与方法，对我们做人、处世以及治国等方面都有深刻启发。

怎样才能做到"齐家、治国、平天下"？

"齐家、治国、平天下"出自《大学》，原句为："物格而后知至，知至而后意诚，意诚而后心正，心正而后身修，身修而后家齐，家齐而后国治，国治而后天下平。"儒家学说认为：作为一个入世的人，首先要先研究世间万物，通过对世间万物的研究，可以从其中获得知识；获得知识之后，眼界变得宽广了，意念才能真诚；意念真诚之后，明白是非了，心思才能够端正；心思端正之后，才能建立正确的价值观、人生观、世界观，并在正确的三观之下修养品性；自己的品性修养好之后，才能更有说服力地管理自己的家庭和家族；自己的家庭和家族管理得没问题了，就可以用正确的管理方式来治理国家；当一个国家能够治理好，百姓安居乐业，自然会获得民心，就会有更多有能力的人前来投靠，因而实现天下太平。

中国古代能够做到"齐家、治国、平天下"的文人士大夫并不多，姜子牙算一个。姜子牙是商末周初著名的政治家、军事家，辅佐周武王姬发推翻了商朝的统治，建立了周王朝。

姜子牙的先祖曾经在夏朝治理水患的时候立有大功，被封在吕地（今河南省南阳市西），等到姜子牙出生时，其家族已经没落。为了维持生计，他做过宰牛卖肉的屠夫，也开过酒肆卖过酒，但无论如何他都没有放弃自己的理想，一直在学习天文地理、军事谋略，希望有一天能够遇到明主，施展才华。

为了寻得明主，姜子牙每天都在河边用直钩钓鱼，但是直到七十岁时还一无所成。他的妻子马氏很嫌弃他，觉得他根本没有前途，不是可以托付终身的人。有一天，姜子牙又是空手而归，妻子看见后大发脾气，指着姜子牙大声嚷嚷："你也不想着找个正经营生，也不在家耕作，每天都拎着你的鱼竿出去，却什么也拿不回来，家里的东西都是我来置办。我每天在家操持家务，你可倒好，像个贵族一样每天悠闲地去钓鱼！我跟你再也过不下去了！"说完她就想离开。姜子牙一看妻子是真的要走，急忙劝她说："你不要着急，好的机会不会这么快就来的，你再陪我过一阵子苦日子，有朝一日我会得到荣华富贵的。"但是妻子已经对他忍无可忍，没有听姜子牙的劝告，径自离开了。

后来姜子牙帮助姬发建立了周王朝，成了周的开国功臣，飞黄腾达。马氏这时才后悔当初离开姜子牙，想要再续前缘，但是姜子牙已经看透了马氏的为人，于是将一盆水泼在地上，对马氏说："如果你能把这盆水收回到盆里，那我就同意跟你重新在一起。"马氏自知不能，于是便离开了。

在"齐家"方面，姜子牙教育出来的女儿邑姜后来嫁给了周武王姬发做正妻。在怀第一个儿子周成王姬诵时，邑姜并没有因为怀孕就失了仪态。她站着时很端正，说笑时很温婉，自己一个人时也不随便坐下，即使生了气也不随便骂人。通过她的这些行为足以看出她的良好家教，而这与姜子牙的"齐家"有很大的关系。

在"治国"方面，在姬昌从羑里脱身归国后就开始了。姜子牙与姬昌暗中商定推翻商纣王政权时，主张以德政制服暴政，即在封地内提倡生产，关心百姓生活，制定合理惠民的政策，在封地外与其他诸侯国相与为善。后来比干、箕子因劝谏触怒纣王，比干被杀、箕子被囚，姜子牙认为时机已到，建议姬发伐纣，而此时天下三分之二的诸侯其实都已经心向周王了。

在这种情况下，"平天下"就是大势所趋了。牧野之战纣王大败，自焚于鹿台，姬发建立周王朝，姜子牙因为立有大功被封在齐地建立齐国。当时齐地有个官员营汤打着"仁义"的旗号收受贿赂、残害百姓，姜子牙就把他斩首以儆效尤。还有一对兄弟谁都不服从，谁的命令也不听，姜子牙认为他们是害群之马，于是下令诛杀了他们。自这两件事情之后，再没有人敢在齐国乱来，混乱的局面得以稳定。另外，姜子牙在选拔官员时奉行唯才是举，打破了之前任人唯亲的惯例，还吸收了很多当地的原住民进入齐国的统治层，稳定了统治。在文化上，姜太公尊重齐地原有的文化习俗，并适当改动了周礼，使其能更容易被齐民接受。在姜子牙的治理下，齐国的百姓很快就安居乐业了。

《大学》中提到的"齐家、治国、平天下"，两千多年来一直被广大儒生奉为人生信条，但是真正能全部实现，最终做到"平天下"这一步的人寥寥无几，反倒是在《大学》出现的几百年前的姜子牙做到了。社会发展到今天，虽然无法做到原始意义上的"齐家、治国、平天下"，但这种人生信条的积极意义是不能忽视的，它鼓励着每一个受中华古典文化熏陶的人，推动着社会的发展。

"仁者以财发身，不仁者以身发财"讲述了什么道理？

《大学》讲："仁者以财发身，不仁者以身发财。"这就是说，品行优良的人，会利用自己所掌握的财富来达成人生的修养；而心思不正的人，则会利用自己的影响来谋求不正当的财富。当然，这里的"财"是不能简单理解为金钱的，它还包括一切和物质财富有关的事物，如粮食、人脉、妻子儿女等。而关于"财"和个人成就之间的关系，历史上发生的很多事件值得引以为鉴。

春秋战国时期，齐国出了一位非常有干才的君主，他年轻时大胆启用管仲和鲍叔牙等人，在其辅佐下，齐国国力蒸蒸日上，这位国君也九会诸侯，成就了一番霸业。他就是历史上赫赫有名的齐桓公。

成为霸主之前，齐桓公的生活过得非常不如意。由于国家内讧,他不得不流亡到与齐国邻近的一个小国躲避灾难。甚至在回国争夺王位时,还差一点被人杀死。而齐桓公之所以能够成就一方霸业,与他手下贤能的臣子是分不开的。但是,在辅佐齐桓公的这些人当中,也有一些心术不正之人,如易牙。

易牙原本只是一名做饭的厨师,专门负责齐桓公的饮食。他的手艺非常好,有一阵子他生病了,别的厨师顶替他做饭,齐桓公感觉饭菜味道很不合口,于是就让身边的人去查探。结果这一查,易牙厨艺高超的事情就被齐桓公知道了。再后来,齐桓公对易牙越来越宠信,两人之间的关系也越来越亲密。大臣管仲实在看不下去了,就劝齐桓公:"易牙这个人,做菜很有才华,但他在乡间的名声不好,希望大王不要过分接近他,也不要让他参与国家的治理。"

对于管仲的话,齐桓公并没有听进去多少,他依然对易牙非常宠信,赏赐不断。而易牙在这个时候也表现得忠心耿耿,想尽一切办法讨好君主。一次在吃饭时,齐桓公突发奇想地说了一句:"天底下的珍馐美味,我都已经吃腻了,只是不知道人肉是什么滋味,想尝一尝。"

这原本只是齐桓公随口说的一句感慨,却给了在一旁侍立的易牙极大的启示。回到家后,易牙便开始谋划这一道可怕的人肉菜谱:给君王上人肉,不能太老也不能太嫩,不能太肥也不能太瘦。另外,死人的肉献上去可是要被定罪杀头的，所以只能挑一个年龄不大不小、体形不胖不瘦的半大娃娃来做食材。这个时候的易牙，还是屡屡受到管仲压制的，手里并没有实际的权力，想要从穷人家强行买一个孩子杀掉做菜是绝对不可能的。因此，易牙就将目光投在了自己四岁大的儿子身上。

当天晚上，易牙就将自己的儿子杀死，装进笼屉当中带入了皇宫。到了第二天，齐桓公吃饭时，发现桌上多了一个巨大的蒸笼，近侍给他打开后一看，里面端坐着一个蒸熟的小孩！这令齐桓公大吃一惊，而当问明白这件事的前因后果之后，他是又喜又怒——喜的是有人愿意为了给自己换换口味而杀了自己的亲生儿子，怒的是杀子而食实在是有违圣人的礼法，罪孽太深。当然，对于易牙的忠心，齐桓公还是非常满意的，他下令重赏了易牙，从此更是对他另眼相看。

对于齐桓公过分宠信易牙这件事，管仲等大臣自然是非常不满的。管仲临终之前，齐桓公上前询问："在你过世之后，有谁能够接替你的职位？"没等管仲推举出合适的人选来，齐桓公就说："易牙这个人对我忠心不二，你觉得他能够胜任吗？"管仲听后急得脸色煞白，说道："易牙这样一个杀掉自己亲生儿子来献媚君王的人，是绝对不能重用的！老臣死后，请大王将易牙赶出去，永远不要将他留在身边。"

管仲死后，齐桓公没有听取他的意见，他先是将易牙赶走了，但过了一段时间又把他请了回来，并且比以前更加宠信他。又过了没多久，齐桓公病了。眼见齐桓公大限将至，易牙开始谋划寻找新的靠山，而因为齐桓公宠信奸邪小人，很多贤明正直的君子都离开了齐国，一时间，齐国人心惶惶，内乱不断。齐桓公想要立自己的儿子公子昭为继承人，但是易牙和内侍串通一气，趁乱带人闯入后宫，一连杀了好几位大臣，逼迫齐桓公按照易牙的愿望另立公子无诡为太子。没多久，齐桓公就病死了，他的几个儿子都不服易牙辅佐的无诡，于是兄弟之间互相残杀，甚至没有人去料理父亲的后事，从而使齐桓公的尸体在床上放了好多天，蛆虫都爬到了大门外。

通过一代霸主齐桓公的悲惨故事，我们可以发现，一个人如果总是想要借助个人影响来谋求官职、恩宠，那么这个人的品行是要受到质疑的。就如同易牙这样，为了博取君王的欢心，居然将自己的亲生儿子杀死，做成一份蒸肉献了上去。俗话讲"虎毒不食子"，而易牙却做了这样一件骇人听闻的禽兽之举。

回到"仁者以财发身，不仁者以身发财"这句古训中来，我们看到，真正有仁爱之心的正人君子，是不会利用身边的财物来谋求高官厚禄的。而那些通过进献奇珍异宝、贿赂他人而上位的人，必然心术不正，理应受到历史的谴责。

第二章

《中庸》：中者天下之正道，庸者天下之定理

　　孔子是儒家学派的创始人，而《中庸》作为儒家思想的代表作之一，集中反映了儒家思想的精华所在，集中体现了人的道德修养和思想情感之间的关系，主张人在做事情的时候应该不偏不倚，合乎圣人之道。

　　《中庸》中的"中"不是"中立"的意思，而是"中和"的意思。"中和"就是不偏不倚，凡事坚持原则，在处理矛盾时善于折中致和，追求和谐与稳定，并且能随时与时俱进，所以说"中者天下之正道"；而"庸"也不是昏庸的意思，而是不变的意思。事物的发展是有一定自然规律的，只有遵循这种规律，我们才能做好所有的事。而这种对自然规律的遵循就是"庸"，故而称作"庸者天下之定理"。

"中庸之道"对人的修养提出了哪些要求?

人既是社会共体也是社会个体。一个人要想在社会上生存,就必须学会一些最基本的生存法则,而如果还想过得更好一些,得到别人的尊重,就要拥有他人所没有的品行。这些品行或仁,或智,或勇,或心胸开阔,或至诚至信,或从容淡定,这就是人们常说的深谙"中庸之道"。

当然,学会"中庸之道"不是让你做任何事、说任何话都要中立——"中庸"不是中立,而是中和、平和,即沉稳,富有个人魅力。如果你认为"中庸"就是让你凡事保持中立,那就大错特错了。

三国时期,一次北方匈奴派使臣到魏国来见曹操。曹操大概觉得自己的长相有些不尽如人意,怕被匈奴使臣看不起,于是找了一个长相英俊的叫崔琰的部下来装作自己去接待使臣。正式接见时,曹操还是有点不放心,于是手持腰刀装作魏王的侍卫站在崔琰身后。接见完使臣之后，曹操派人去问使臣对魏王的印象如何，使臣回答道："魏王的确很有范儿，不过站在他身后手持腰刀的那位，才算得上是真英雄。"虽然改换了身份，但一个人的个人魅力却是怎样都无法掩盖的。魅力是一笔巨大的财富，具有独特个人魅力的人，才能在茫茫人海中脱颖而出，获得更多人的尊重和称赞，而这样的人更容易获得成功。

那么，个人魅力究竟从何而来呢？"中庸"思想认为，个人魅力有其先天的基础在，例如个人的长相、声音、身材等，但这些都不是主要的，关键还是在于后天的养成。

春秋时期，一日，卫国国君卫灵公正与其夫人夜坐闲聊，听到宫外有车声由远及近，车子行到宫殿门前时就突然没有声音了。过了好一会儿，才又有车声渐行渐远。卫灵公于是问其夫人："你能猜出门外是谁乘车而过吗？"其夫人答道："想必是蘧伯玉的车队。"卫灵公觉得很奇怪，便问其夫人："为何一定是他的车队呢？"其夫人解释道："按礼的规定，经过君王之门时要下车行走，见到国君乘坐的马车应该行礼，以免惊扰到国君，这是为了显示对国君的尊敬之心。真正的君子不会因为是白天，就在众目睽睽之下张扬，也不会因为天色昏暗就败坏品行。我听说蘧伯玉是卫国有名的贤大夫，仁义得很，事奉国君十分谨慎，这样的人肯定不会违背礼仪,所以我猜一定是蘧伯玉。"于是卫灵公便派人出去探个究竟,果不出其夫人所料,这个人还真是蘧伯玉。蘧伯玉的言行赢得了国君的认可和尊重,而他这种在无人监督的情况下还能严格按规矩办事的行为,也影响了一代又一代人。

"柔"是一种看不见抓不着的东西,是每个人都应该具备的秘密武器。水最柔,但它能载舟也能覆舟,石头硬,但水滴石穿。"中庸之道"也讲究一个"柔"字。古往今来,有多少功臣名将由于过"刚"而遭遇不幸。比干刚直不阿,直言进谏,最后却惨遭昏君剖腹挖心;海瑞秉性耿直,一生坎坷而不受重用……在生活中,"柔"是手段,刚是目的。以退为进,以"柔"克刚,这才是"柔"的实质。当然"中庸"之中的"柔"不是叫你软弱,而是叫你学会进退有度,不要一条道走到黑,要学会变通,这样才能处万事而立于不败之地。

一次,宋太祖赵匡胤正移步拿着弹弓在后院打鸟,忽然有人传来急报说一位大臣有急事求见。赵匡胤一听有急事求见,便一丝不敢怠慢,立即召见大臣听奏。然而,听完大臣的上奏之后,他认为事情没那么严重,便斥责奏臣说:"这算什么急事!"奏臣对皇上的态度十分不满,便说道:"这总比打鸟的事急吧!"赵匡胤顿时恼火万分,拿起斧柄便向这位大臣抢去，大臣的牙齿当时就被打掉两颗。大臣忍着疼痛从地上捡起被打落的牙齿，而赵匡胤见后不禁大怒道："难道你还想保存这两颗牙齿以后找我算账吗？"大臣道："我怎么敢找您算账呢！我相信这件事史官会记载下来的。"赵匡胤听了猛然一惊，连忙满脸笑容地好言安慰，还赏赐给这位大臣许多金银财宝。在这个故事中，该大臣在权势和地位上是弱者，无论如何也无法与当时的皇帝抗衡，但他却采用了柔弱的态度，以人格上的刚强，征服了至高无上的皇权，达到了自己在人格上不畏强暴、据理而争的目的。

"中庸之道"还要求人存于世不要锋芒太露。当然，这不是说你就不可以展示你的才华，该展示才华的时候还是要展示，在适当的场合，适当的时候显露一下很有必要。正所谓物极必反，一个人过分地外露自己的才华或许会导致失败。尤其是做大事的人，锋芒毕露肯定会失去更多。所以，有才华的人应该含而不露，该装糊涂时一定要装糊涂，切勿恃才傲物，否则便是自掘坟墓。

李斯，秦朝人，祖先原来是楚国上蔡人。他后来归顺秦始皇，最后做到了宰相。他主张"焚书坑儒"，还曾和宦官赵高造伪诏杀了公子扶苏。后来他与赵高之间产生了矛盾，赵高就在秦二世面前说李斯的不好，秦二世受到赵高的挑拨，于是把李斯关进了牢房，后来在咸阳把李斯腰斩了。在临刑之前，李斯回想自己曾经做过的事，后悔不已，后悔自己锋芒太露，不懂得审时度势、功成身退的道理。

张居正，明神宗时期的宰相，前后当政十年之久。当时，明朝可谓危机四伏，是他以"竿盗即斩"的手段加强镇压，并进行了一些改革，才使得明朝的社会状况有所好转。但他排斥异己，结党营私，生活腐化堕落，家中财宝无数，名声很糟。终于在万历皇帝长大后，抄了他的家产，还扒了他的坟墓。一代宰相落得如此下场也算是悲凉了！

通过以上种种事例可以看出，所谓"中庸之道"就是说要进退有度、适时示弱，不要刚愎自用、自以为是。当然，"中庸"之人并不是软弱之人，而是会审时度势之人。

如何把握中庸的"动中取衡,静中就重"?

一个人做任何事情都要有一定的度,凡事过犹不及,如果做一件事总会超出那个度或者达不到那个度的话,这件事肯定是办不成的。"中庸之道"便在于,一个人若想取得成功,就必然要学会"动中取衡,静中就重"。那么,怎样才能把握好"动中取衡,静中就重"呢?

首先,从字面上来说,"动中取衡,静中就重"的意思是说,在动态中取得平衡,在安静中抓住重点。与其意思相近的还有"闹中安身,闲时取趣"。这是从社会现象中悟出的一种处世态度,也是千百年来多少代人悟出的生活经验。在《中庸》里,很多地方都有关于动静的变化以及取舍的道理,这些都是和一个人的性格特点、道德品行相联系的。所以说,"动中取衡,静中就重",不仅仅是一种为人处世的态度和观念,更是"中庸之道"在现实生活中的完美运用。

其次,"中庸之道"还倡导遇事不该急功近利,要稳,如果太急躁则很容易失败。就算有较强的急于求成的念头,也会给自己带来很多麻烦和苦恼。所谓欲速则不达,只有做到"动中取衡"才能事事顺利。

相传,从前有一位少年,到深山拜求一位能人传授剑法时问:"师父,如果我特别努力地学习,大概什么时候才能学会?"师父对他说:"可能要十年之久!"少年一听顿时焦急万分,便说:"师父,我父亲年纪已经很大了,我要回去照顾他!如果我更加努力地学习,那大概要多长时间能够学会呢?"师父答道:"这样至少也要三十年吧!"少年内心更加焦急,急忙说:"师父,您之前说要十年,现在又说要三十年,这时间也太长了吧!不过没关系,我会更加努力学习,一定会在最短的时间内学会的。"哪知师父却对他说:"这样的话,你至少要跟我学七十年才行。"这就是典型的急功近利者的故事。

再次,"中庸"的智慧在于中和,不在于偏向任何一个极端。当遇事无法取舍时,我们应该当机立断、取长弃短,而不是不分青红皂白地一概而论。不懂得取舍,有违"中庸之道",有舍才有得。只有抓住重点,才能够更快、更好地达到目标。

一次,庄子在山林中行走时,突然看到路旁长了一棵很大的树，而在树下的伐木工人却不去砍伐那棵树。庄子对此感到十分好奇，就问伐木工人："你们怎么不去砍那棵大树啊？"那些伐木工人回答说："因为那棵树什么家具都做不成，这样的话，还不如让它在这里长着呢，总比砍回家当柴烧好。"庄子回去将这件事告诉了弟子们，并说："因为不能做成家具，这棵树没有被砍伐，能够继续自然生长。"

过了几日，庄子到朋友家做客，朋友很高兴，特地吩咐仆人杀了一只鹅招待他。仆人问："现在家里只剩下两只鹅了，一只会叫，一只不会叫，要杀哪只呢？"主人说："杀那只不会叫的。"第二日，学生们便问庄子："山上的树，因为'不材'所以没被砍伐，主人的鹅，却因'不材'而被杀害。请问您'材'还是'不材'呢？"庄子笑着答道："我将处于'材'与'不材'之间。你们或许会觉得这是最合适的位置，其实不是这样的，因为这样也还是不能够免除忧患。如果能顺其自然而处世就不会这样了。一个人如果得不到荣誉，也最好不要得到某种侮辱，一切顺其自然，不偏不倚，这样最好。世事有聚必有散，有阴必有阳，有成功必有失败。人太尖锐就会刺伤自己，再聪明的人也有失策的时候，万物皆有定数，不可一概而论。你们一定要记住凡事只可顺其自然。"

那要如何把握好"中庸之道"中的"动中取衡，静中就重"呢？首先，我们要在坚守道德修养的基础上积累新知识，了解新事物，这可以称之为"动中取衡"中的"动"；然后全面观察，这可以称之为"动中取衡"中的"取衡"；当周围环境对自己不利时，我们要学会保持沉默，这可视为"静中就重"中的"静"；这个时候，我们不要气馁，可以在一旁静静地等待时机，相信总有一天能等来机会，一飞冲天，这可以视为"静中就重"中的"就重"。这种为人处世的态度，是值得我们好好学习的。

中庸追求的最高修养境界是什么？

中庸出自于儒家思想，同时也是儒家的最高道德准则。它最主要的目的在于通过中庸思想的教育，以达到"至诚"的境界，而"至诚"也即中庸追求的最高境界。

那么，什么是"至诚"？要想知道什么是"至诚"，首先要了解"诚"字。

"诚"是道德准则，也是做人原则。诚实、真诚、诚信都是被世人推崇的优秀品质。那些天生"诚"的人，若生活在古代，会自然而然地被称为圣人。生活在现代，也会拥有更多的真心朋友或者更容易获得成功。"诚"是一种正能量，它积极、阳光。

"诚"，遵循的是天道，坚守"诚"是做人的原则。信奉"诚"，并终生不改，就是"至诚"。要想做到"至诚"，就要多学多思、坚守原则、谨慎思考、明辨是非。"至诚"既是做人的最高行为准则，也是做事、做学问的最高标准。

汉朝开国大将韩信，深受后人的夸赞，在他小的时候，家里特别穷，有时候甚至连饭都吃不饱，衣都穿不暖。那时候，他跟哥哥、嫂子住在一起，靠吃剩菜剩饭度日。小韩信白天要帮着哥嫂干活，晚上还要在灯下苦读。嫂子对他很不好，认为他晚上读书会耗费灯油，而且也不会有什么出息。于是，小韩信只能流落街头，过着无家可归、有上顿没下顿的日子。当地有一位给别人家帮佣的老奶奶很同情小韩信，就把他带回家，每天给他做饭，还支持他读书。面对老奶奶的大恩大德，小韩信铭记在心，他对老奶奶说："老婆婆，等我长大了，我一定会报答您的。"老奶奶听了小韩信的话后笑着说："等你长大了我恐怕就死了哦。"后来韩信历经千辛万苦终于成为一代名将，甚至被刘邦封为楚王。韩信没有忘掉那个曾对他有过大恩的老奶奶，派人找到那位老奶奶，并把她接到自己的家里生活。

韩信虽然已成国之大将，但对曾帮助过他的人一直没忘，并且实现了当初的诺言。这种说到做到、至诚至信的品德一直被后人称赞。

同样具有至诚至信品德的还有春秋时期的商鞅。春秋时期，秦国的大臣商鞅在当时的国主秦孝公的支持下主持变法。当时社会战乱不断，人人惶恐不安，在这种情况下实施变法，难度可想而知。为了推行变法，树立威信，商鞅便命人在都城南门外竖立了一根三丈长的木头，并当众许诺：谁能把这根木头搬到北门，就赏金十两。做这么简单的事就能得到这么多的赏金，围观的人听了商鞅的话都不相信，所以木头立了好几天也没人去搬。商鞅于是又将赏金提高到了五十金。重赏之下必有勇夫，终于有人肯站出来将木头扛到北门。商鞅立即赏了他五十金。这样一来，商鞅在人们心中就树立起了威信，变法也就很快在秦国推广开来。正是因为新法的顺利推行，才使得秦国逐渐强大，最终统一了六国。

立木取信、一诺千金使变法成功、国家强大。可见，"诚信"对一个国家来说有多么重要。

那么，为什么说"至诚"是中庸追求的最高修养境界呢？

只有"至诚"的人，才能更好地发挥人的本性，以达到人类思想的最高境界。而一个人若能激发自己的本性，也就能激发他人的本性；能激发他人的本性，也就能激发世间万物的本性；能激发万物的本性，就能更快、更好地达到天、地、人合一。中庸把"至诚"归入了人的本性。也就是说，"诚"应该是人类本有的天性。"至诚"，就是人性最理想、最本质的状态。

那么，怎样才能做到"至诚"呢？

第一,要明辨是非。很多时候,世事带给我们的往往是一种假象,需要我们拥有一双慧眼,才能够分辨出其中什么是该有的、该做的,什么是不该有的、不该做的。明辨是非,就是透过现象看本质。用最"诚"的心态来辨是非,一定会辨出事物最本质的面貌。

第二,要坚守正确立场。为什么说是正确立场呢?就是说要把事物区分开来,不正确的就要摒弃掉。其实,选择"诚"不难,难就难在一如既往地"诚"下去。世间本就有很多诱惑,能不能抵挡住这些诱惑,就看你能不能坚守立场。

第三,要有善良秉性。善良是人性中最美好的特征。一个人只要有一颗善良的心,在"至诚"这条路上就能做到不偏不倚。所以说,善良是"至诚"最为关键的因素。

第四,要博学多才。这里的"才"既指才能上的"才",也指一种学习态度。一个满腹经纶的人,必然更容易理解"诚"的深层含义。同样,一个人如果满足于现状,停滞不前,纵使他再厉害也达不到"至诚"的境界。

达到"至诚"境界的意义是什么?意义就在于,"至诚"能让人拥有圆满的智慧、广阔的胸襟、大智大勇的能力,甚至能达到儒家所推崇的圣人境界。

所以说,中庸追求的最高修养境界就是"至诚"。

第三章 《论语》：温故而知新，可以为师矣

　　《论语》是一本记载孔子及其弟子言行的儒家代表作，虽然不是直接由孔子编写而成，却集中反映了孔子的思想。其中的"温故而知新，可以为师矣"一句意思是说，温习旧的知识而能获得新的见解，这样就可以为人师了。

　　这话虽然听起来简单，要坚持做下去却并不容易。孔子也常用"温故"来教育自己的弟子。深入理解孔子的这一学习方法，对我们的学习仍然具有指导意义。

"朝闻道,夕死可矣"体现了孔子怎样的道德观?

什么是道德观?道德观就是人们对自己、对他人、对这个世界中存在的所有关系的认知,内容涉及良心、正义、义务、人格等。孔子所倡导的道德观,是指通过对社会秩序的规范来实现天下太平。

"朝闻道,夕死可矣"是说,早晨得知了道,就算当天晚上就死去也心甘情愿。这里的"道"不是道教的道,而是圣人之道。什么是圣人之道?圣人之道就是凡事顺其自然。孔子希望通过这种道德观的约束,能使当时的统治者具有一颗仁者之心,从而引导社会往良性的方向发展。那么,"朝闻道,夕死可矣"体现了孔子怎样的道德观呢?具体体现在以下几个方面。

第一,要言而有信。信用是为人处世的根本,是社会稳定的杠杆。虽然它看不见也摸不着，但不得不说，它很重要。一个人如果连最起码的信用都不讲，肯定不会得到他人的尊重，注定会是一个失败的人。那么，一个人如何才能成为讲信用的人？关键就看这个人说话是否算数。

西周时期，周幽王有一个特别漂亮的妃子名叫褒姒。褒姒虽然长得漂亮，但整天闷闷不乐，特别不爱笑。周幽王为博褒姒一笑，于是下令位于都城不远处的20多座烽火台同时点起烽火（烽火是边关报警的信号，只有在外敌入侵需要救援时才能点燃，平常根本不能点）。结果当救援队伍赶到时才发现，这是周幽王为博美人一笑而开的玩笑，大家都愤然离去。而褒姒看到救援队伍匆匆赶来时的样子竟然笑了。几年后，真有外敌入侵，周幽王再次点燃烽火台，这次居然没有一个人前来救驾，因为大家都认为这又是周幽王开的玩笑，结果周幽王被杀。这就是典型的因失去信用而招致灾难的故事。

第二，要走正道。正道就是正确的道路，不是那些歪门邪道。正，即身正、心正。就是说一个人要有优良的品德，内心要光明磊落，不做那种害人或挑拨离间的事。

清朝康熙年间，有个县令名叫于成龙，当时他担任广西罗城县令。有一年，他的儿子从老家赶来罗城看望他，儿子就要回去了，他实在没有什么东西可以让儿子带回去的，于是就把自己舍不得吃的一只咸鸭割下半个让儿子带了回去，因此人称"半鸭知县"。当于成龙离开罗城升任合州知州时，竟然连赴任的路费都没有。当地的老百姓听说于成龙要离开，依依不舍，相送数十里。后来他出任两江总督，赴任途中，从来不住好旅馆。在两江总督任上，他每餐只吃青菜，于是人们称他为"于青菜"。后来，得知他去世的消息，当地老百姓如丧考妣，就连康熙皇帝也破例为他写碑文，称他是"天下第一廉吏"。于成龙，由一名小小的县令升任两江总督，条件越来越好，地位越来越高，可他自始至终都能够很好地约束自己，一身正气，只想着怎样为老百姓办事，怎样做一个好官。正因如此，老百姓才会如此爱戴他。

所以说，一个人一定要有正气。为官也好，为民也罢，如果缺少正气，很容易走错路。因为人人都有私欲，稍微控制不好，就有可能走上违法犯罪的道路。我们要时刻摆正自己的位置，控制自己的私欲，当私欲最终被正气打败时，社会才能和谐。

第三，要勇敢。勇敢就是内心坚定，不害怕。当然，这里的勇敢指的不是明知前面是水坑，还往里面跳，凡事只凭一股子劲，鲁莽行事，而是说做任何事情都能够正确地往前冲，不退缩。

传说很早以前，天上曾出现过十个太阳。这样一来，大地上的生灵都遭殃了。因为十个太阳的威力实在太大，它们就像十个火球时刻炙烤着大地。森林被烤起了火，水源被烤干涸了，地里的农作物被烤焦了，就连许多人和动物都被炙烤而死。

这时，有一名叫后羿的年轻人站了出来。后羿本是一名弓箭手，箭法很好，几乎可以说是百发百中。他看到人们饱受十个太阳的炙烤之苦，内心十分难过，就决定登上高山射掉它们。他历尽千辛万苦，爬过近百座高山，迈过近百条大河，穿过近百个山谷，来到了东海边。他登上一座大山，拉开万斤弓弩，搭上千斤利箭，瞄准天上火辣辣的太阳，一颗颗将它们射了下来。射到第十个太阳时，后羿收起了弓箭，他觉得要是一个太阳都不留，人间就没有光明了。于是他决定留下第十个太阳。正如后羿所想，天空中的那一个太阳正符合万物的生长需要。后来，后羿因为射落太阳拯救万物有功，被天帝赐为天将，还与仙女嫦娥结为夫妻。这个故事中，正是因为勇敢，后羿才能摒除万难，登上高峰射掉九个太阳；也正是因为勇敢，他才能收获荣誉和幸福。

从以上的分析来看，"朝闻道，夕死可矣"体现了孔子的至信、至正、至勇的道德观。

"君子无所争"对人的修养提出了哪些要求?

在《论语》中,孔子推崇的思想是如何成为一名品德高尚的君子。其中提出的"君子无所争"就是说:君子没有什么是可以与别人相争的,比如名、利、权、财、色,这些在孔子看来,都是君子不该争取的身外之物。那么,什么才是君子应该努力争取的呢?那就是礼。这里的礼针对的是个人修养,比如明礼、守礼、行礼,等等。要想做到这些,对人的修养会提出很多要求,下面我们就来具体说说都有哪些要求。

第一,要有远大志向和崇高目标。也就是说,君子要给自己做好人生规划,确定人生的方向和目标。只知道一味蛮干、苦干,既不能成功,也不是君子所为。没有远大志向,没有明确目标,终将难以成事。

西汉名相陈平,小时候家里很穷,由于父母过世得早,他只能和哥哥嫂子相依为命。陈平从小就给自己确立了明确的目标——刻苦读书，将来光耀门楣。于是，他每天刻苦读书，可是他的嫂子却认为这样很可笑，穷人家的孩子想靠读几本书就改变命运，是多么不切实际。嫂子不让陈平在家里读书，整天让他干活。面对嫂子的一再羞辱和刁难，陈平离家出走，却被哥哥找了回来，并且和嫂子冰释前嫌。一天，一位老人听说了陈平的事，来到他家，愿意免费收他为徒。陈平学成之后，辅佐刘邦，最终成就了一番霸业，他的故事也传为美谈。

树立远大志向并不是一件容易的事，但是再难也应该坚持，就像陈平，当初如果因为嫂子的阻止，他放弃了自己的理想，又怎么会有后来的光耀门楣呢？如果没有远大志向和崇高理想，只能做一个庸常之人。

第二，不做见利忘义的小人。所谓见利忘义，是说见到有好处可取，就不顾道义地去做伤害他人的事。在孔子的思想中，君子是相对小人而言的。小人就是那些自私自利，只为自己着想，不顾一切陷害别人的人。而君子恰恰是先为他人着想，哪怕损失自己的利益也要成全别人的人。人世间的纷争可以说都是因利而起，相信很多人有过见利忘义的行为。身为君子，不但要摒弃这些不好的行为，甚至还要做到义字当先，在别人遇到危险时挺身而出，勇敢面对，哪怕献出生命也在所不惜。或许有人会说这是一个傻子，如果人人都认为这样做很傻，人世间又怎会有温暖可言？所以，孔子认为这样的人才能被称为君子。

人们常用"人中吕布，马中赤兔"来称赞一个优秀的人或者一匹好马。这原本是一句夸奖，但是很多人都知道，吕布后来做出了为人所不齿的为"三姓家奴"、见利忘义的事。

吕布的父亲死得早，后来他认并州刺史丁原为义父。丁原对吕布很好，把他当作心腹，委以重任，可吕布却见利忘义。董卓仅用了一匹日行千里的赤兔马和一些金银珠宝就把吕布收买了。吕布杀了丁原，并砍下丁原的头交给董卓，还拜董卓为义父，投在董卓的麾下效力。为了能够诛灭董卓，司徒王允设下连环计，将歌姬貂蝉同时许给董卓和吕布，使父子二人因争夺貂蝉而陷入内斗。为了一名歌姬，吕布不惜与义父反目，他杀了董卓，夺回了貂蝉。

这个故事里，为了自己的利益，吕布一再出卖曾重用自己、于自己有恩的人。吕布虽有大将之勇，却无大将之风，因此有人讽刺他是典型的见风使舵者。

第三，多学习别人的优点。这个世界上，没有谁是十分完美、毫无缺陷的，谁都或多或少会有一些缺陷或不足之处。当我们发现自身的缺陷时，应及时改正。要知道，即便是很小的一点缺陷，或许将来也会给我们带来很大的灾难。

如果我们暂时还发现不了自身的某些不足之处，那么也可以多学习别人的优点。孔子说"三人行，必有我师焉"，无论是男是女，是做什么的，多大年纪，只要对方身上有值得学习的地方，我们就应该虚心向对方学习，而不是自认为老子天下无敌。

　　第四，要处理好人际关系。这个社会中，人与人之间的沟通相处是必不可少的，面对复杂的人际关系时，我们要做到：看的时候要看清，听的时候要听清，谈的时候要说清，做事的时候要谨慎，遇到疑问的时候要向别人询问，愤怒的时候要淡定……

　　春秋时期，管仲辅佐齐桓公，使齐国成为当时的霸主。管仲有个好朋友，名叫鲍叔牙。鲍叔牙家境比管仲好，他们曾经一起做生意，每次赚了钱，管仲总是会多分一些给自己，朋友们都认为鲍叔牙吃亏了，而鲍叔牙却说："我家的条件比管仲家好很多，他家还有老母亲要养，所以，多分他一点也没什么。"管仲和鲍叔牙曾一同上战场，在打仗的时候，管仲总是躲在最后面，表现得很胆小，别人都很鄙视管仲的这种行为。鲍叔牙却对别人说："管仲不是胆小，只是他家里还有一位老母亲等着他回去奉养呢！"后来，管仲也曾当过几次官，每次都因表现不好而被免职，大家都嘲笑他。鲍叔牙知道这件事后，就对别人说："管仲不是能力不强，只是运气不好罢了。这些小事情不适合他做，他适合做大事情。"后来，管仲辅佐公子纠又失败了，而鲍叔牙辅佐的公子小白却当上了齐国的大王，就是齐桓公。齐桓公即位后想请鲍叔牙当宰相，却遭到鲍叔牙的拒绝。他说："我很感谢大王能看重我，请我做宰相，和您一同治理齐国。但是，我的能力实在无法担当如此重任！不过大王，我可以向您推荐一个人，这个人肯定能担此重任。"齐桓公就问："谁？"鲍叔牙回答道："管仲！"齐桓公惊讶地站起来说："管仲！这个人当初都要杀我，你还让我请他做宰相？"鲍叔牙说："之前管仲辅佐的是公子纠，当然希望公子纠能做齐国大王，而您是公子纠的竞争对手，所以他才会想杀您。这些都不是由你们之间的个人恩怨引起的！您要是想让齐国更强大，就一定要任用管仲，因为只有他才能帮您实现这个目标。"齐桓公最后还是接受了鲍叔牙的建议，请管仲来做宰相。果然，齐桓公在管仲的辅佐下，将齐国治理成了当时最强大的国家之一。后来，管仲曾对别人说："这个世界上，只有鲍叔牙最了解我！"

  以上就是"君子无所争"对人的修养提出的具体要求。其中，有些我们很容易就可以做到，有些做起来确实有一定难度。但是，不管怎样，只要是值得学习的东西，我们都应该努力去学习，只有这样，我们才会知道作为君子的难能可贵。

什么是《论语》中的"温故而知新"?

"温故而知新"是孔子提出来的一种教育和学习方式。孔子认为,只有始终不断地温习之前所学的知识,才能从中获得新的知识。其实,仔细想想也确实是这样:每个人每个阶段的生活环境不同,思想境界不同,心理成长也不同,当然也会对同一事物的认知有所不同。所以,要不断回顾,不断温习,才会有新的见解产生。

关于这个"故",我们可以用"司马光砸缸"的故事来进行说明。

司马光小的时候,一次和小伙伴们在后院玩耍。后院中央有一口水缸,里面装满了水。有个小孩玩着玩着就爬到了水缸上面,一不小心,就掉到了水缸里。水缸很大,那个小孩一下子就沉到了缸底。眼看小孩快要被淹死了,别的孩子一看这种情形吓得直哭,只有小小的司马光急中生智,从地上捡起一块石头砸破了水缸,将里面的孩子救了出来。

不同的人,在不同的时间和不同的环境看到这个故事,感受肯定不同。人在小的时候看这个故事,会觉得司马光很聪明,其他小孩很笨。长大后回头再看这个故事,除了依旧觉得司马光很聪明外,我们还会有很多疑问:为什么后院中央刚好摆着一口缸?为什么当时没有一个大人在场?为什么没有孩子跑去叫大人?如果当时旁边没有可以砸缸的东西,或者东西太小,根本砸不破那口缸怎么办?或许有人会觉得我们想得太多了,可这些问题确实是存在的。所以,"温故而知新"说得很有道理。

再来说"新"。"新"是与之前不一样的东西,比如新人、新事、新物,是相较旧而言的。当然,也不是说新的就一定好,旧的就一定不好,只能说事物都是朝新的方向发展,没有新就没有进步。

人的认知要随着时代的进步而不断发展。如何才能发展?就是不断地"温故",分析出事物更深层次的内涵。人需要不断成长,成长就是一个不断思考的过程,而这个过程就是把我们学习过的东西不断深化的过程。所以,孔子说:"温故而知新,可以为师矣。"

那么,"温故而知新"有哪些表现形式呢?具体如下:

第一,重新发现事物中包含的新情境、新话题、新含义。比如一篇文章,你看一遍或许只能看出它表面所讲的内容,多看两遍,就能看到它内在想表达的意思了。

第二,重新获取处理事物的方式、方法,然后运用到实践中。比如一篇文章,原本你只看到它教你如何做人的那一面,回头再看一遍,你可能还会看到它教你如何做事的那一面。

第三,当你重新温习旧知识时或许会发现,原来旧知识早已被更改了。比如,随着社会的发展,传统的礼教思想已经跟不上时代的步伐了。而且,现在的社会也不适合礼教中个别思想的生存,所以它早就在不知不觉中被人们更改了。

春秋战国时期,有一个名叫鲁班的人,一次,他上山砍柴,不小心滑到了一片茅草丛里,双手被茅草叶上的齿划破,渗出血来。他顾不上疼痛,摘下一片茅草叶仔细看了看,发现茅草叶的两边长满了小齿。鲁班由此得到启发,发明了锯子,大大提高了木匠的工作效率。鲁班正是因为拥有发现新事物的能力,才能发明更实用的工具,从而改变我们的生活。

"温故而知新"是每个人都具有的能力,只要你愿意思考,你就可以从旧的事物中获取新的认知。时代要发展,人也要进步,不进步就意味着被淘汰,而被淘汰就意味着被这个社会抛弃。

如上所述,"温故而知新"是孔子倡导的一种学习方法,是面对新事物、获取新知识的前提条件。从另外一个角度看,这一说法似乎也表明了人类认识世界的一种方式。

《论语》是如何教我们孝敬父母的？

研究发现，中国可能是世界上最早产生"孝"这个观念的民族。

上古时期的舜就是一个大孝子。据传舜是一个非常善良且有才华的人，但是他的父母却不喜欢他。有一天，趁着舜挖井的时候他们竟然将舜推到了井下，准备活埋了舜。幸好舜在井底挖了一条横向的通道才得以逃命。逃出来后，舜并没有记恨或者责怪父母，他依然像往常那样孝敬父母。这样的孝心，感动了当时的帝尧。帝尧将自己的两个女儿娥皇和女英都嫁给了舜，还把帝位传给了舜。人们常说，舜之所以能从一介平民成为一代帝王，全凭他的孝心。

到了孔子所处的春秋时期，孝的观念有了很大发展。《论语》中，孝的内容可谓多种多样，既有子女对父母的孝，又有晚辈对长辈的孝，甚至还有学生对老师的孝。那么，《论语》是如何教我们尽孝的呢？

首先，要赡养和尊敬父母。人的生命只有一次，而这仅有的一次宝贵生命是父母给予我们的。父母不止给了我们生命，还辛辛苦苦把我们养大，让我们吃好穿好，接受最好的教育，满足我们所有的要求，更希望我们每天都能够开开心心。但是，当我们长大、独立的时候，他们却老了，吃不动，也走不动了。这个时候，我们当然应该照顾他们，光是照顾还不够，还要尊敬他们。

这里的尊敬包括称谓上的尊敬和思想上的尊敬。称谓上的尊敬就是，是妈就得叫妈，是爸就得叫爸，不要没大没小，没上没下的。像现在个别没礼貌的小孩子，爸妈也不叫，就叫个"喂"。这是"喂"谁呢？是不是以后你的子女也不叫你爸或者妈，而直接可以叫"喂"呢？

思想上的尊敬就是说，我们要尊重父母的想法，不要总是拿自己的想法强加在父母身上。父母老了，希望做点什么，或者到哪里去，就由着他们。毕竟，再过几年可能他们真的哪里也去不了了。再说了，每个人的爱好本来就不一样，何必要让父母什么都按你的喜好来呢！

古时候有个名叫黄香的小孩，非常孝敬父母。在母亲病重期间，他整天衣不解带地在病床前照顾。母亲去世后，他对父亲更加孝敬。冬夜里，天气特别寒冷，小黄香就先偷偷钻进父亲的被窝给父亲暖被窝；到了夏天，黄香家的蚊虫很多，晚上，小黄香就拿着蒲扇到房间里给父亲驱赶蚊虫。小黄香孝敬父亲的故事传开了，人们都夸赞他是天下无双的孝子。小黄香冬天为父亲暖被，夏天为父亲赶虫，看起来是再小不过的事情，但是，孝敬父母不一定要轰轰烈烈。其实，从小中看大，才是孝最基本也是最实在的表现。

其次，对父母态度要谦和。我们经常看到这种人，在外面和别人接触的时候，说话处处透着小心。但是一跟父母说话，就像吃了火药似的，连喷带冲。实际上，尽孝很简单，不一定非要你送给父母千万豪宅、万两黄金，只要你能够对他们态度好点，不要把在外面受的气发在他们身上就行了。要知道，父母能容忍你一时，却无法容忍你一世，总有一天他们会离开人世、离开你，到时候，你后悔都来不及。

晋朝的时候，有一个叫王祥的少年自幼失去了母亲，继母对他很不好，时常对他打骂，还时常在他的父亲面前搬弄是非，弄得他的父亲对他也日渐冷淡。即便如此，王祥对继母还是很孝顺。有一年冬天，继母突然想吃鱼，但是外面天寒地冻，到哪里去抓鱼呢。为了能得到一条鱼，王祥脱光了衣服躺在冰面上，硬是用自己的体温融化了冰面，然后才捕到了一条鱼。王祥的这一行为被传为佳话，人们都称赞他是人间少有的孝子。

最后，要继承父母的事业或者完成他们的遗愿。子承父业其实也是一种尽孝。将父母的事业发扬光大，父母就会很开心。父母开心了，你也就完成了作为子女应该做的事了。为什么说完成父母的遗愿也是尽孝？道理很简单，将父母没有完成或者想要完成的事做完，其实就弥补了父母人生中的某种遗憾。

王献之是东晋著名书法家王羲之的第七子，自幼聪明好学，在书法上颇有造诣。王献之为了能达到父亲的书法水平，曾因练习书法洗笔而洗脏了十八缸水。最后，他成了伟大的书法家，和父亲王羲之一起被人们尊称为"二王"。王献之子承父业，成为和父亲一样著名的书法家，人们不禁要问：为什么王献之一定要和父亲一样从事书法事业呢？一方面可能是王献之确实喜欢书法，另一方面，这也可能是王献之孝敬父亲的表现——他希望通过对父亲事业的继承表达对父亲的孝心。

其实，在《论语》中，孝可以分为两种：一是无违，二是敬养。无违就是在不违背道义的基础上，没有任何理由地服从父母。敬养就是在物质上满足父母，在精神上慰藉父母，在情感上关心父母。所以，《论语》中的孝还包括以下两种意思：第一，言行一致，表里如一。这就是说，不管父母在不在我们身边，我们都要表现得很好。不能当面一套背后一套。子女只要能做到始终表里如一，那就是孝顺。第二，要正确对待父母的过失。"人无完人，金无足赤。"父母也会有犯错的时候，当我们面对父母的过失时，不要选择谩骂或者指责，而更应该细心引导。

《论语》中的孝不是大孝，而是实实在在的孝。这种孝就是要求子女在日常生活中，从点滴做起，从衣食住行方面全面关注父母。这些既是《论语》孝道的精髓，也是孔子的孝道观。总体来说，孝道思想对于提高人的道德素养、促进父母与子女之间的关系融洽，具有积极作用。

《论语》主张人与人之间该如何相处？

"狐朋狗友不可交，良师益友才可处。"与人相处是一门学问，这门学问还很深奥。在《论语》中，许多篇章都谈及人与人之间的相处之道，其中很多都值得我们学习和借鉴。那么，《论语》中都有哪些值得我们学习的相处之道呢？

第一，己所不欲，勿施于人。意思是说，自己不喜欢的东西，不要强加给别人。如果自己明明不喜欢、不想要，还非要强迫别人喜欢，在情理上是很难说得过去的，这是处理人际关系的大忌。连你自己都不能接受，又凭什么要求别人接受？

有这样一则故事：

一只狐狸吃饱了，就把剩下的肉藏起来以备不时之需，然后躺在草地上睡觉。这时，一只饿得半死的狼慢慢地走了过来。狼哭丧着脸对狐狸说："我好久没吃到东西了，都快饿死了。你有没有吃的可以给我一点啊？"狐狸装模作样地对狼说："可怜的狼啊！我愿意送给你一顿美味大餐。不知道你吃不吃草，我这里有一大堆。"狡猾的狐狸明明知道狼吃的是肉而不是草，却对自己所藏的肉提也不提。最后，狼只好拖着饥饿的身体回家了。

虽然狐狸和狼都是肉食动物，狐狸不吃草，狼也不吃草，可狐狸却要把连自己都不吃的草送给狼吃，表面上看起来是一片好心，其实是恶人之举。由此可知，狐狸和狼是无法和谐相处的。

第二，记人之善，忘人之过。不要总是盯着别人曾经犯过的错不放，而要多看别人的长处和好的方面。人无完人，谁都会犯错，只要不是那种大奸大恶的行为，原谅要比记恨更好。不然，每天面对别人那么多的错误，自己怎么会开心呢？

第三，以诚为先，勿以功利相交。想交到知心朋友，首先要待人真诚。一个整天不说一句实话的人，又怎能换来别人的信任！信任是人与人相处中最重要的一点，只有相互信任，才会彼此说真话。另外，与人相处，也不能总以得到某种利益为目的，这样时间久了，谁都会躲着你。

第四，尊重他人。人与人之间应该相互尊重，每个人都有每个人不同的性格，一个不懂得尊重别人的人，也不配得到别人的尊重。相互尊重是与人相处的前提,可以说,没有相互尊重就没有和谐相处。

杨时是宋代著名理学家,有一年冬天,杨时赴任浏阳县令途中,绕道洛阳,拜见当时的著名学者程颐。一天,杨时到程颐家中求教,适逢程颐正打坐养神,杨时不敢打扰,就恭恭敬敬地立在门外等候。当时,外面下着大雪,气温很低,杨时很快就成了一个雪人,但他还是恭恭敬敬地站在门口。当程颐醒来的时候,门外雪深已经有一尺了。这就是著名的"程门立雪"的故事。

其实,杨时明明是可以直接叫醒程颐的,但他坚持守在门外,这一点看似有点迂腐,体现的却是对他人的尊重。杨时的这种行为可以说是儒家相处之道的践行典范。

第五,谨慎地选择相处对象。人与人之间的相处其实是有选择的。也就是说,你在和人相处时,一定要先弄清楚这人是个什么样的人,不能不管好坏一把抓。如果碰到的是好人,自然很好;如果遇到一个心术不正的人,他很有可能在你定力或者能力不足时,把你推向深渊。

《韩非子》中记载了这样一则故事。晋国大夫中行文子曾经位高权重,风光无限,后来在政治斗争中失败被迫流亡,当时正巧经过一个县城,随从说:"这里有个地方官是你过去的朋友,何不在他的舍下休息片刻,顺便等待后面的车辆呢？"中行文子说："我喜欢音乐，此人给我送来鸣琴；我爱好佩玉，此人给我送来玉环。我现在担心他为了取悦别人也会出卖我。"于是中行文子没有停留，匆匆离去。那个人果然扣留了中行文子后面的两套马车，献给了自己的国君。

　　人们常说交友要善。这里的"善"说的不只是善良，还要正确。什么是正确的朋友？就是对你的人生有积极影响的朋友。人们都很容易被身边的人影响，所以，交对友则终身受益，交错友则危害甚大。

　　《论语》作为儒家学派的经典之一，其中许多经典话语都发人深省，许多观念在今天看来仍然很实用。我们应该学习《论语》中的相处之道，这样就不会让自己在这混乱的世界里迷失，也不会让自己因为选错相处对象而走上一条错误的道路。

第四章 《孟子》：性本善，施仁政，民贵君轻

　　《孟子》一书是战国时期孟子的言论汇编，由孟子及其再传弟子合力编写完成，是儒家思想的经典之作。书中记录了孟子与其他诸家思想的争辩，对弟子的言传身教，游说诸侯等内容。

　　在人性方面，孟子主张"人之初，性本善"，认为人生下来，本性都是善良的，之所以会有好人、坏人之分，都是后天环境影响的结果。在政治方面，孟子主张以"仁政"治国，认为统治者应该体恤百姓，关心百姓疾苦，具体可体现在减税收、免刑罚等方面。另外，孟子还提出了"民贵君轻"思想，认为在一个国家里，老百姓比国君更重要，所以国君应该重视老百姓。

为什么说"民为贵,社稷次之,君为轻"?

"民为贵,社稷次之,君为轻。"这句话意思是说,在一个国家里,老百姓的地位是最重要的,土地和食物是次要的,国君是最轻的。这体现的是孟子的民本思想。在任何一个社会里,都是先有民众,然后由民众组成国家,再从中选出一个管理者作为最高统治者来管理国家。没有民众就不会有国家,没有国家又哪来统治者呢?

人是社会的主体,也是社会财富最直接的创造者,因为每个人的能力、体力不同,所以人类创造财富往往需要相互合作才能完成。在这个相互合作的过程中又会产生一系列矛盾,这些矛盾既有个体之间的,也有群体之间的。这时,就需要有人能站出来处理和化解这些矛盾。该如何处理和化解呢?这就要有据可循了。于是,法律、制度和规则就应运而生。这些法律、制度和规则也是需要人来实行的,这时,专门的部门就建立起来了。当这些部门多了的时候，就需要有个更大的部门来统一管理，就需要有一个总的管理者，这时，国家和君王也就诞生了。所以说，没有民众就没有国家，没有国家就没有君王。因此，孟子才认为在一个国家里，民众的地位最高，君王的地位最低。地位高，所以贵；地位低，所以轻。

那么，孟子为什么要提出"民为贵，社稷次之，君为轻"的观点呢？

第一，有人民才有国家。人民是一个国家的重要组成部分。一个国家如果连最基本的臣民都没有，那么，这个国家就不是一个完整的国家。从古至今我们能够看到，国家也好，君王也罢，随时都可以更改，但只有一国之民的地位不可动摇。所以，孟子的这种"民贵君轻"思想，即使放在现代也是具有现实意义的。

第二，得民心者才能得天下。孟子认为，一个国家的主权在人民手上，人民既可以拥护，也可以讨伐。当人民拥护你时，你就可以成为一国之主。反之，你将会成为亡国之君。所以，只有受人民拥护的君王才是长久的君王，也只有被人民拥护的国家才是合法的国家。在孟子看来，如果君王对百姓不好，百姓完全可以起来反抗。例如，历史上有名的武王伐纣、黄巾起义等。

秦朝末期，项羽起兵造反，他依靠自己过人的胆识和军事天分，以及各方诸侯的帮助，成为当时反秦势力中最强大的一支力量。当时，还有一股小势力也在不断地发展壮大，那就是刘邦的势力。刘邦这个人从小就是个地痞，没有一点王者风范。可项羽在初期取得成功后，开始骄傲自大，随意屠杀百姓。刘邦这个看起来实在没什么希望的小人物却待人宽厚，而且关心百姓疾苦。最终刘邦打败项羽登上帝位。这就告诉我们，不管你出生在什么样的家庭，身份何等低下，只要你拥有一颗爱民之心，最终人民会助你达成愿望。

第三，君主有保护人民的义务。人民既然是天下的根本，君主就有保护人民的义务。这些义务包括让人民在一个太平的环境里生活，物质上不匮乏，精神上能够得到满足，有机会多读书，多受教育等。

那么，孟子提出的"民为贵，社稷次之，君为轻"有哪些优点呢？

第一，突出了民主意识。在这段话中，孟子把人民的地位放在了第一位，国家的位置放在了第二位，君主的位置则放在了最后一位，强烈突出了人民的重要性。也就是说，君主其实是由人民赋予权力的，当某些君主危害到人民利益的时候，人民完全可以推翻他。这在一定程度上可以防止一些残暴独断的君主假借国家的名义侵害民众利益。

第二，制约了一些暴君的行为。君主的地位再高，也是人民赋予的。历史上有很多暴君以为自己坐上了那个位置就可以为所欲为，甚至不顾国家法度，强行要求国民干这干那。比如，强征百姓为他修陵墓、修宫殿，甚至为了自己的某些欲望而发动战争。这样的君主，在孟子看来，完全可以由人民将他赶下台，而人民赶他下台的行为并不违反法制或者道德。这样，某些君主在实施不良行为的时候就会有所顾虑。不然，一个不小心他们就会失去原本拥有的至高无上的权力和地位。

第三，有利于国家的稳定和发展。一个国家不只是君主的国家，君主只是一个人而已，光他一个人的国家也不能称之为国家。人民才是一个国家的构成者和拥有者。人民的数量和质量是一个国家长治久安的根本。所以说，一个国家的繁荣和稳定，离不开人民的作用，而君主作为国家的管理者，权力是人民赋予的。只有分清了主次地位，一个国家才不会乱。如果一个国家之内，人民地位低下，每天饱受欺凌，那么，这个国家将会动乱不堪，而一个动乱不堪的国家是随时都有可能崩塌的。没有了国家，君主也就无从说起。说白了，君主就是称谓，是被人民赋予了权力的管理者，而不是一个独裁者。只有明确了人民、国家和君主的各自地位，人们才能分清各自应该扮演的角色。这样，一个国家才能有序地生存和发展下去。

唐太宗李世民是历史上有名的明君。一天，他和魏徵聊天时说："做皇帝的，仁道，老百姓就会喜欢你，不仁道，老百姓就会憎恨你。"魏徵接过话说："是啊！民是水，皇帝是舟，水能载舟也能覆舟。"李世民听了魏徵的话后，感慨地说道："爱卿说的是啊！"又有一天，房玄龄问唐太宗："我们仓库里的兵器好像太少了，要不要增加一些呢？"不料，唐太宗却回答道："增加兵器来防御外敌确实很重要。但是，目前最要紧的是稳定人心。隋朝的灭亡，并不是因为兵器不足，而是有违民心啊！所以，我们要吸取隋亡的教训，不可以忘记国家的根本。"唐太宗是一个国家的最高管理者，他很清楚地知道一个国家的根本到底是什么。所以，唐朝才能在他的治理期间变得国富民强、繁荣昌盛，而他也因此被称为一代圣主。

"民为贵，社稷次之，君为轻"，这是对人民地位的肯定，也是对统治者、管理者的一种提醒。

如何理解孟子所说的"夫仁政，必自经界始"？

"夫仁政，必自经界始"，意思是说，实行仁政，一定要从划分、确定田界开始。从字面解释来看，"经界"和"田界"的意思相差不多。

孟子认为，施行仁政，必须从划分田地的大小开始。田地划分得不公平，那么收取的税收就会不公平。所以，那些贪官污吏或者不良之君肯定不会重视对田地的合理划分。因为，一旦田地划分的面积变小了，那么他们的税收就会变少；只有田地划分的面积变大了，他们的税收才会增加。

无论一个国家的土地有多少，都是要靠官员来管理，靠老百姓来耕种。如果没有官员，就没有那些管理田地的人，如果没有老百姓耕种，也就没有什么可以拿来养活那些官员。所以，合理划分"田界"，让老百姓在一定范围内合理缴税是十分必要的。

那么，怎样才能做到"夫仁政，必自经界始"呢？

第一，在治理国家方面，国君要把"仁"作为道德基础，从而施行仁政。这里，孟子所说的"仁"其实是在孔子所提出的"仁"的基础上发展而来的。孟子认为，如果老百姓都没有固定的土地可以耕种，那么，他们每天就会无所事事，甚至慢慢地会走上犯罪道路。而老百姓一旦犯了罪，国君就会惩罚他们，这其实是一个恶性循环，对国家的发展不会有任何好处。因此，开明的君主会合理地规划好国家的土地，然后把土地分配给老百姓，使老百姓有田可种、有粮可食。这样既解决了老百姓的温饱问题，也使国家的土地不至于荒芜。粮食是一个国家赖以生存的基础，也是人类生存的必需品。没有土地可以种粮，老百姓就没有饭吃，老百姓没有饭吃就会起来反抗君主，社会就不得安宁。所以说，国君把土地合理规划后分给老百姓，从根本上说还是为了自己。

第二，要划分清楚田地的界限。这样做，就可以做到管理者在分给农民田地的时候能明确田地面积的大小，从而避免因面积不公而产生纠纷。那些管理田地的官员们在管理上也能够相对轻松一些，少一些矛盾。

第三，要有一个完善的制度进行调节。从历史上看，一个国家的任何行为都是需要一定的制度来调节的。这个制度就像一个圈,只有在这个圈里面做的事情才是合法的,否则就是非法。实行仁政也好,规划田地也罢,如果没有一个制度来进行调节,事情就会变得很混乱,到最后什么也做不成。所以说,一个完善的制度是"夫仁政,必自经界始"最重要的参照物,也是国家治理的重要理论基础。

那么,君主该如何施行仁政呢?

孟子认为,施行仁政要以田地养民。如何才能做到这一点?要从田地的所有权上进行划分。合理划分田地,使老百姓吃饱穿暖,衣食无忧,这才是社会安定的基础。即使到了今天,我们依然能看到一些人会因为感觉自家田地分得不均而和划分者发生一些矛盾。所以,田地的划分很重要。

还要从具体的仁政措施入手。仁政的内容可以涵盖经济、文化、教育等方方面面。其中,教育最关键。老百姓受教育的程度提高了,就会明理,也会有一个比较开明的思想。当国君推行某种制度改革时,他们就会很容易接受。老百姓文化程度提高了,在土地管理方面也会懂得更多,这样能保证收成,对保障管理者的税收也能起到积极的作用。所以说,一国之君要做的事其实很简单,就是让老百姓的生活得到最基本的保障,能做到这些就可以说是实行了"仁政之道"。

春秋战国时期,土地遭到严重破坏,很多老百姓因此失去了谋生的基础。孟子是想通过这种思想，快速地解决农民的土地问题，以缓和各个阶层之间的矛盾，从而使国家达到长治久安的目的。所以说，"夫仁政，必自经界始"有其特殊的意义。

孟子为什么说要"易子而教"?

"易子而教"是由孟子提出来的,是说父母不直接教育自己的孩子,而与他人的孩子进行交换教育。那么,孟子为什么会提出"易子而教"的思想?

一次,孟子的学生公孙丑问孟子:"父母不亲自教育自己的子女,这是为什么呢?"孟子回答说:"主要是情况不允许,情势上行不通。父母教育孩子必然要用正确的道理,用正确的道理行不通,就会发怒。一旦发怒,就会很容易伤了父母、子女之间的感情。父母、子女之间的感情伤了,自然不是什么好事。"

第一,让孩子受到平等的对待。教育是一件谨慎和严肃的事情,有它特有的规律和原则。教育者本来就应该对每个孩子一视同仁,就像孔子提出"有教无类"时说的那样,每个人都有公平受教育的权利。所以,教育者即使是在面对自己的孩子时，也应该是严肃认真的。但是，往往有许多教育者在面对别人家的孩子时，总是能够很有耐心地讲解其中的道理，哪怕是一遍讲不通再讲几遍也无所谓。但在面对自己的孩子时，就会拿出家长的一贯态度，在无法讲明白某个问题时会怒火上升，有时甚至还会动手打孩子。同样是孩子，在教育的问题上却要受到不一样的待遇，这是孟子提出"易子而教"的出发点之一。

第二，减少父母、子女之间的冲突。正因为父母有了上述的行为，才会让子女觉得父母没有做到一视同仁，对自己不公平。父母在孩子心目中的形象会因此受损，这样，就会增加父母、子女之间的矛盾。但是，如果父母能通过相互之间交换孩子来教育的话，就不会产生这些问题。因为，父母往往对待别人家的孩子更有耐心，因此更愿意教育别人家的孩子。这样，孩子也能够在一个比较轻松的环境里受教育，轻松的环境也会让孩子接受知识的速度更快一些。这样的良性循环，孩子们学到的东西会更多。而父母、子女之间也会因为没有那些矛盾而变得融洽。

孟子认为，让父母教育自己的孩子似乎存在着一个非常大的问题——父母把自己认为对的东西教给孩子，但是未必能得到孩子的认同。那么，父母就会因此生气，生气的结果当然是会伤害到孩子。而孩子则会认为父母在教育自己时与平常他们的处世方式不一样,这就会让他们对父母的教育产生怀疑,会在无形中反抗父母。长此以往,父母、子女之间就会产生很多的矛盾。所以说,"易子而教"最大的好处就是能够维护父母、子女之间的良好关系。不过,孟子之所以强调"易子而教",这里主要涉及的是道德教育而不是知识教育。"易子而教"的最终目的不是怕子女在父母身边学不到文化知识,而是怕父母、子女间因此产生隔阂,是怕伤害到亲子关系,如果不是因为这个,就没必要"易子而教"了。

那么,"易子而教"是否符合现代的教育理念呢?

首先,前面提到,孟子"易子而教"主要涉及的是道德教育而不是知识教育。但在今天,我们不但要重视道德教育也要重视知识教育,并且道德教育的方法也发生了变化,而学生接受教育的途径也比古代多了很多。所以,"易子而教"在现代已跟不上时代发展的步伐了。

其次,孟子生活的那个时代,受教育群体还在少数,所以,"易子而教"不但能够减少矛盾,还能够相互取长补短。而我们今天已经是全民受教育的时代了,几乎可以说所有的孩子都享受着受教育的权力,数量上比起古代不是多一点两点。这种情况下要实行"易子而教",不太现实。

但是不得不说,"易子而教"还是具有现实意义的。只不过现代"易子而教"和古代"易子而教"的表现方式有些不同罢了。比如，现代社会经常会出现两个家庭互相交换孩子体验生活的事：农村孩子到城市里来生活一段时间，城市的孩子去农村生活一段时间等，这样做，可以克服孩子对父母的依赖，也可以增强孩子适应新环境的能力。所以，虽然孟子的"易子而教"思想在现代社会已经无法直接体现了，但还是以其他方式存在着。

如何理解"诚者,天之道也"中的"诚"?

孟子说:"诚者,天之道也;思诚者,人之道也。"意思是说,诚实是天地之大道,天地之根本规律;追求诚信,则是做人的根本原则。

孟子所生活的时代,诸侯国之间战争不断,百姓不得安宁。这种情况下,孟子提出要提升道德,并将道德概括为四个方面:即仁、义、礼、智。那么,人们该如何提升道德品质呢?衡量标准就是"诚"。孟子认为,诚的最高境界是"至诚"。一个人如果能达到"至诚",就符合天的道德了。所以,孟子才会说:"诚者,天之道也;思诚者,人之道也。"

"诚者,天之道也"中的"诚"有哪些特点呢?

第一,"诚"直指人们的内心。一个讲信用的人,内心深处一定是诚实的,而并非是出于某种功利性。所以,"诚"是自我品质的一种体现。

第二,"诚"者既可以是个体也可以是群体。也就是说,"诚"并不一定是专属于个人的"诚"。一个团体、一个国家也是要讲诚信的,否则这个团体很快会解散,这个国家也会很快消亡。

第三,"诚"是自己可以感知的。这个世界上,最了解自己的人不是你的父母,更不可能是你的朋友,而只会是你自己。自己是什么样的个性和品行,只有自己最清楚。所以,一个人到底诚不诚实,是真诚实还是假诚实,只有自己清楚。

第四,"诚"是不依赖外力的。无论"诚"的品质是一个人与生俱来的,或者是后天培养而来的,"诚"都是不受外力控制的。不能说今天你心情好,就万事讲诚信,明天你心情不好,就可以不讲诚信。这样,就不是真正的诚信。所以,"诚"是不会因外力而更改的。

明朝文学家宋濂小时候特别喜欢读书,因为家里穷,没钱买书,他只好去别人家里借。每次借到书时,他都会讲好归还的日期,从不违约,所以,很多人都愿意把书借给他。有一次,他借到一本特别喜欢的书,决定把它抄下来。可还书的期限就快到了,他只好连夜抄书。当时正值寒冬腊月,屋内非常冷,晚上更冷。母亲看到宋濂因为抄书而双手长满冻疮,有些心疼,说:"夜里这么寒冷,等天亮了再接着抄吧。晚一天两天再去还给人家，也没什么关系啊！"宋濂回答道："我答应别人要到期还的，这是信用。如果不能说到做到，失信于别人，那以后别人还怎么可能再把书借给我呢？"又有一次，宋濂要去远方向一位老师请教一些问题，并约好了见面时间。谁知约定那天，突然下起了大雪。当宋濂准备出门赴约时，母亲惊讶地问道："这么冷的天，你还要出门吗？"宋濂回答说："我已经和老师约好了今天见面，如果今天不去，岂不是就失约了。失约，是对老师的不尊重。所以，即使外面风雪再大，我都得去赴约。"当宋濂到达老师家里时，老师感慨地称赞道："宋濂，你如此守信，将来必有大出息！"果然，正如老师所说，宋濂最终成为一代文学大家。

孟子认为，天道和人道之间是有一定联系的，这条联系的纽带就是"诚"。人只有做到"诚"，才能问心无愧，也才能得到别人的尊重。

孟子为何说"尽信书,则不如无书"?

"尽信书,则不如无书"是说,如果什么事都依赖书本,还不如没有书。这里泛指读书不可以完全拘泥于书本。很明显,这是在反对我们常说的教条主义。什么是教条主义?教条主义就是凡事都要从理论出发,不结合实际,不会把书本上的内容和现实生活相结合,只会死记硬背,这样最后伤害的往往是自己。

战国时期,赵国大将赵奢具有极强的军事才能,多次以少胜多、大败秦军,因而被赵惠文王提拔为上卿。赵奢有一个儿子名叫赵括,从小耳濡目染,跟在父亲身边熟读兵书,特别喜欢谈论他在书上看到的那些军事内容,别人都说不过他,因此他认为自己天下无敌,打仗谁都打不赢他。然而赵奢却很担忧,认为赵括不过是纸上谈兵、徒有虚名而已,认为赵括以后绝对不能带兵打仗,否则将一败涂地。

公元前260年，秦军来犯，赵军在长平坚持抗敌。那时赵奢已经去世多年，赵国大将廉颇负责统领全军。虽然当时廉颇年事已高，但指挥有方，秦军没有占到便宜。秦国最后实在打不赢了，觉得这样拖下去对自己更加不利，于是就实施了一个反间计，派人到赵国散布"秦军最害怕赵奢的儿子赵括将军"的谣言。赵王果然上当，派赵括替代廉颇上前线指挥战斗。赵括自认为很会打仗，到长平后完全改变了廉颇的作战方案，结果四十多万赵军尽被秦军歼灭，他自己也被秦军射杀身亡。

这就是"纸上谈兵"的故事。这个故事旨在启示后人，书是死的，人是活的，完全照搬书本上的知识是行不通的。

"尽信书，则不如无书"出自《孟子·尽心下》："尽信书，则不如无书。吾于《武成》，取二三策而已矣。"在这里，孟子提到了"武成"二字。那么，《武成》讲的又是什么呢？据古书中记载，武王率军攻入商都后，命人写下《武成》，宣告自己伐纣大业已成。《武成》是以"爱民"为主要内容的。武王伐纣一切都是以"爱民"为出发点的。孟子想表达的意思是：天下的书内容各异，数量庞大，谁都没必要为读书而读书，只要知道书本的中心思想或者主体内容就可以了。如果书中的中心思想没有提到"仁"，就没必要读了。所以说，"尽信书，则不如无书"说到底还是为了引出"仁政"思想。

那么，为什么说孟子的"尽信书，则不如无书"的观点十分正确呢？

第一，大部分书籍是有益于人类的，我们应该多读，但是，书也有可读和不可读之分。可读的、有益的书我们应该多读，而对于那些本身内容就不过关的书籍，则应舍弃。像那些疯狂迷恋某些小说中的无聊情节的行为，是万万不可取的。

第二，实践是检验真理的唯一标准。很多书中的内容其实是缺乏实践基础的，如果我们完全照着书上所说的去做，难免会出现差错。与其那样，不如将书本上的内容搬到实际生活中去检验一番，如果确实好用，就学习它，如果没用，就尽快远离它。

第三，即使某本书的内容是积极向上的，也不能说明那就是唯一的真理。况且，就算它是真理，也可能已经不符合这个时代的发展趋势。所以，读书切忌拘泥于文字中，跳不出来，应学会以旧换新，这样才能紧跟时代潮流。

第五章 《诗经》：诗三百，一言以蔽之

　　《诗经》是中国历史上最早的一部诗歌总集，收集了西周初期至春秋中期（公元前11世纪至公元前6世纪）的诗歌，共305篇。《诗经》在先秦时期称为《诗》，或取其整数称《诗三百》。西汉时被尊为儒家经典，始称《诗经》，并沿用至今。

　　《诗经》在内容上分为《风》《雅》《颂》三个部分。《风》是周代各地的歌谣；《雅》是周人的正声雅乐，又分《小雅》和《大雅》；《颂》是周王庭和贵族宗庙祭祀的乐歌，又分为《周颂》《鲁颂》和《商颂》。

《诗经》中的"六艺"指的是什么？

《诗经》中的"六艺"，指的是"风、雅、颂"三种诗歌形式和"赋、比、兴"三种表现手法。那么，"六艺"中的这些内容各自又有哪些特点呢？

第一，什么是"六艺"中的"风"？

"风"就是国风，是各地的民间歌谣，是诗经中成就最高的部分。《诗经》中共有十五国风，共160篇。因为这些诗歌都来自民间，有些难登大雅之堂，即便如此，国风也有其独特的魅力。例如，《关雎》是《诗经》中的第一篇诗歌，也是一首描写男女情爱的诗歌，它在艺术手法上巧妙地采用了"兴"的表现手法。

关关雎鸠，在河之洲。窈窕淑女，君子好逑。
参差荇菜，左右流之。窈窕淑女，寤寐求之。
求之不得，寤寐思服。悠哉悠哉，辗转反侧。

参差荇菜，左右采之。窈窕淑女，琴瑟友之。

参差荇菜，左右芼之。窈窕淑女，钟鼓乐之。

这首诗歌翻译成白话文就是："在那河中的沙洲上，有一对水鸟相互在唱着歌。美丽温柔的女孩，是男孩最喜欢的伴侣。河里面长着长短不齐的荇菜，少女们在忽左忽右地采摘。美丽温柔的女孩，男孩们天天都想追求。追求不到，他们就只能在梦中思念。绵长的思念，使他们怎么都睡不着觉。河里面长着长短不齐的荇菜，少女们在忽左忽右地采摘。美丽温柔的女孩，男孩们要弹着琴来接近你们。河里面长着长短不齐的荇菜，少女们在忽左忽右地采摘。美丽温柔的女孩，男孩们敲着鼓来哄你们开心。"

第二，什么是"六艺"中的"雅"？

"雅"包括大雅和小雅，其中大雅31篇，小雅74篇。大雅为歌功颂德的作品，小雅多是具有讽刺意味的作品，大部分是由当时的贵族所写。所以，与前面的"风"相比，"雅"就显得高雅多了。例如，《采薇》出自《小雅》，通过对军营生活的描述抒发了在外打仗的士兵对家乡的思念之情。

采薇采薇，薇亦作止。曰归曰归，岁亦莫止。

靡室靡家，猃狁之故。不遑启居，猃狁之故。

采薇采薇，薇亦柔止。曰归曰归，心亦忧止。

忧心烈烈，载饥载渴。我戍未定，靡使归聘。

采薇采薇，薇亦刚止。曰归曰归，岁亦阳止。
王事靡盬，不遑启处。忧心孔疚，我行不来！
彼尔维何？维常之华。彼路斯何？君子之车。
戎车既驾，四牡业业。岂敢定居？一月三捷。
驾彼四牡，四牡骙骙。君子所依，小人所腓。
四牡翼翼，象弭鱼服。岂不日戒？玁狁孔棘！
昔我往矣，杨柳依依。今我来思，雨雪霏霏。
行道迟迟，载渴载饥。我心伤悲，莫知我哀！

这首诗歌翻译成白话文就是：

薇菜采了又采，薇菜刚刚冒出地面。说回家了回家了，但已到了年末仍不能实现。没有妻室没有家，都是为了和猃狁打仗。 没有时间安居休息，都是为了和猃狁打仗。薇菜采了又采，薇菜柔嫩的样子。说回家了回家了，心中是多么忧闷。忧心如焚，饥渴交加实在难忍。驻防的地点不能固定，无法使人带信回家。薇菜采了又采，薇菜的茎叶变老了。说回家了回家了，又到了十月小阳春。征役没有休止，哪能有片刻安身。心中是那么痛苦，到如今不能回家。那盛开着的是什么花？是棠棣花。那驶过的是什么人的车？当然是将帅们的车乘。兵车已经驾起，四匹雄马又高又大。哪里敢安然住下？因为一个月多次交战！驾起四匹雄马，四匹马高大而又强壮。将帅们坐在车上，士兵们也靠它隐蔽遮挡。四匹马训练得已经娴熟，还有象骨装饰的弓和鲨鱼皮箭囊。怎么能不每天戒备呢？狁之难很紧急啊。回想当初出征时，杨柳依依随风吹。如今回来路途中，大雪纷纷满天飞。道路泥泞难行走，又饥又渴真劳累。满腔伤感满腔悲，我的哀痛谁体会。

第三，什么是"六艺"中的"颂"？

"颂"是古代用来祭祀和颂圣的乐曲，内容多是对祖先的歌功颂德，全部都由当时的贵族所写。"颂"分为《周颂》《鲁颂》和《商颂》，分别为31篇、4篇和5篇。"颂"本来是祭祀用的乐曲，但是其中的《鲁颂》全部写的是赞美当时还活着的鲁僖公的故事。《我将》是《周颂》中一首先秦时代的华夏族诗歌。原文是："我将我享，维羊维牛，维天其右之！仪式刑文王之典，日靖四方。伊嘏文王，既右飨之。我其夙夜，畏天之威，于时保之。"这段诗歌翻译成白话文就是："我为你献上祭品，有羊还有牛，请上天保佑我们吧！各种典章我都效仿文王，希望早日能平定天下。伟大的文王，请尽情地享用祭品。我日日夜夜敬畏上天的威望，请保佑我大功告成吧。"

第四，什么是"六艺"中的"赋"？

"赋"是直接铺陈叙述，是诗词最基本的表现手法。在《诗经》中，"赋"是最基本的修辞手法。例如，《七月》既是《诗经》中的一首诗歌，也是一首先秦时代的华夏族民歌。此诗反映了当时的农业生产情况和农民的日常生活情况，具有很高的历史研究价值。

第五，什么是"六艺"中的"比"？

"比"就是比喻，拿一个事物和另一个事物做比较，用以表达某种情感。在《诗经》中，用到"比"的地方很多。比如，在《硕鼠》中有这样一段描写："硕鼠硕鼠，无食我黍！三岁贯女，莫我肯顾。逝将去女，适彼乐土。乐土乐土，爰得我所。"这段的大意是说："大田鼠啊，请你不要吃我种的粮食。多年辛勤地伺候你，你却不照顾我。发誓要摆脱你去那幸福的地方。那幸福的地方才是我最好的去处。"诗歌中的"硕鼠"指的就是当时的统治阶级，具有讽刺意味，同时也表达了老百姓对统治阶级的憎恨和对美好生活的向往。

第六，什么是"六艺"中的"兴"？

"兴"指的是先通过对其他事物的描写来引出对本事物描写的内容。例如，《伐檀》出自《魏风》，是一首讽刺当时的剥削阶级不劳而食的诗。原诗如下：

坎坎伐檀兮，置之河之干兮。河水清且涟猗。不稼不穑，胡取禾三百廛兮？不狩不猎，胡瞻尔庭有县貆兮？彼君子兮，不素餐兮！

坎坎伐辐兮，置之河之侧兮。河水清且直猗。不稼不穑，胡取禾三百亿兮？不狩不猎，胡瞻尔庭有县特兮？彼君子兮，不素食兮！

坎坎伐轮兮，置之河之漘兮。河水清且沦猗。不稼不穑，胡取禾三百囷兮？不狩不猎，胡瞻尔庭有县鹑兮？彼君子兮，不素飧兮！

这首诗歌翻译成白话文就是："将砍好的檀树棵棵放倒在河边，河水清清起波澜。有人不播种也不收割，但为什么千捆万捆往家搬啊？冬天也看不见他们打猎，但为什么他们的院子里面挂满了猪獾呢？那些老爷君子都是在白白吃闲饭啊！砍下用来做车辐的檀树放倒在河边，河水清清直流注。有人不播种也不收割，但为什么千捆万捆却来收啊？冬天也看不见他们打猎，但为什么他们的院子里挂满了野兽呢？那些老爷君子都是在无功把禄受啊！砍下用来做车轮的檀树放倒在河边，河水清清泛波浪。有人不播种也不收割，但为什么千捆万捆下了仓啊？冬天也看不见他们打猎，但为什么他们的院子里挂满了鹌鹑呢？那些老爷君子都是在白白受供养啊！"

其实，在《诗经》中，"赋""比""兴"常常是交替使用的，"赋""比""兴"的用法也是多种多样的，后来的很多诗词也都借用了这些手法。

《关雎》体现了对人的哪些美好想象？

《关雎》是《诗经》中的第一首诗歌，也是一首描写男女情爱的诗歌。这首诗歌具体写的是一个男孩在河边遇见了一个正在采摘荇菜的女孩，男孩被女孩的美丽吸引，顿时对她产生了爱慕之情，以至于晚上回家睡觉的时候，在梦里都能梦见那个女孩。这首诗歌表达的是年轻人对美好爱情的向往，是一首比较浪漫的诗歌。

从《关雎》所描写的内容来看，它是比较接近现实生活的，也具有积极向上的态度。那么，它具体体现了对人的哪些美好想象呢？这需要我们具体分析。

第一，"淑女"具有内在美和外在美。

"窈窕淑女，君子好逑"，其中的"淑女"就是外表美丽、内心善良的女子。在这里，外表的美丽就是外在美，内心的善良就是内在美。一方面，诗歌中的"淑女"从外表看来一定是个美女，不然"君子"也不可能顿时对她产生爱慕之情，甚至晚上做梦都会梦见她；另一方面，诗歌中的"淑女"正在采摘荇菜，从她正在从事的工作来看，这个"淑女"也应该具有特殊的内在美。换句话说，一个人如果只有外在美，没有内在美，即使貌似天仙，也无法拥有诗歌中那个女子那样的气质。所以说，这种美就是内在美和外在美相结合之美。

第二，男子要具有"君子之质"。

在《关雎》中，美丽的女子是"君子"喜欢的人，而"君子"就是具有美好品质的男子。这就是说，一个男子若想得到美丽的"淑女"，就应该具备美好的品质。《白蛇传》的故事大家都知道，但是很多人想不明白的是，为什么像许仙那样的无用书生会得到一个法力高强、容貌美丽、内心善良的白素贞的爱慕呢？仅仅是因为许仙当初救了白素贞一命吗？没那么简单。如果白素贞只是为了单纯地报答许仙的救命之恩，完全可以给他些钱财，再不济也可以帮他考个状元光宗耀祖。可她为什么非要以身相许，最后被压在雷峰塔下呢？从《白蛇传》中我们可以看出，白素贞刚开始确实只是单纯想报恩，但是在和许仙的接触过程中，她发现许仙原来是一个翩翩君子，不但内心善良且颇有才华，所以渐渐地就爱上了他。

第三，男女之间要两情相悦。

两情相悦是爱情的最高境界，也是美好婚姻能够长久的基础。在《关雎》中，"君子"之所以在看上"淑女"的时候，没有马上找个媒婆上门提亲，就是希望能够有机会和"淑女"慢慢地相处，然后达到两情相悦的目的，到那个时候再把"淑女"娶回家。其实，我们应该感谢《关雎》，正是它给后来的爱情诗歌做了一个好榜样。比如，白居易在《长恨歌》中就写道："在天愿作比翼鸟，在地愿为连理枝。"意思是说，希望男女之间的感情就像天上的双飞鸟和地上的连理枝那样永不分开。《关雎》中没写那个"君子"和"淑女"最后是不是在一起了，但是可以想象，一旦"君子"和"淑女"相互交往，并且两情相悦，他们肯定会在一起。

从以上几点可以看出，《关雎》也好，《诗经》中其他描写男女之间情感的诗篇也罢，都包含有人们对美好生活的向往之情。所以，像《关雎》这样的名篇一直被后世传颂。

"知我者,谓我心忧"抒发的是一种怎样的情怀?

"知我者,谓我心忧"是说了解我的人,知道我心中的忧愁。与这句话对应的是"不知我者,谓我何求",意思是说,不了解我的人还以为我有所求。这句话出自《诗经·王风》,题为《黍离》。全诗如下:

彼黍离离,彼稷之苗。行迈靡靡,中心摇摇。知我者,谓我心忧;不知我者,谓我何求。悠悠苍天,此何人哉?

彼黍离离,彼稷之穗。行迈靡靡,中心如醉。知我者,谓我心忧;不知我者,谓我何求。悠悠苍天,此何人哉?

彼黍离离,彼稷之实。行迈靡靡,中心如噎。知我者,谓我心忧;不知我者,谓我何求。悠悠苍天,此何人哉?

这首诗大意是说:黍子茂盛地生长着,高粱也长出了苗儿。慢慢地在路上走着,心里面却有些不安。了解我的人知道我心中的忧愁，不了解我的人还以为我有所求。老天啊！这都是由谁造成的呢？黍子茂盛地生长着，高粱抽出穗儿来了。慢慢地在路上走着，我就像喝醉了酒一样昏昏沉沉的。了解我的人知道我心中的忧愁，不了解我的人还以为我有所求。老天啊！这都是由谁造成的呢？黍子茂盛地生长着，高粱结出粒儿来了。慢慢地在路上走着，心里非常难过，流着泪但说不出一句话来。了解我的人知道我心中的忧愁，不了解我的人还以为我有所求。老天啊！这都是由谁造成的呢？

这首诗讲述了作者因公事到周朝原来的都城镐京，走过原宗庙宫室时，看到了宫室里面到处长满了茂盛的黍苗，原来这里的繁华景象早已看不见，就连昔日的战火痕迹也很难再寻找到。这些场景使作者陷入了无限的忧愁之中，于是发出"知我者，谓我心忧；不知我者，谓我何求"这样的感慨。这首诗采用的是递进式的写景抒情手法，出现的景物依次是高粱苗、高粱穗和高粱的果实，作者想通过描写高粱的生长过程来抒发自己内心深处越来越强烈的忧愁，农作物的生长过程是先有苗，再有穗，最后有果实。与之相呼应的作者的沉痛心情依次是心里不安，像喝醉酒一样昏昏沉沉，流着泪说不出话来。通过这种层层递进的过程，表现了作者内心的痛苦和悲伤。

周朝原来的都城是镐京。公元前781年，周幽王继承西周王位。他在位期间，昏庸无能，荒淫无道，老百姓有苦说不出。公元前771年，周幽王被前来侵犯的犬戎士兵杀死，西周灭亡。周幽王被杀后，诸侯们联合在一起，大败犬戎。诸侯们推周幽王的儿子宜臼为王，即周平王。公元前770年，犬戎又卷土重来，周平王被犬戎打得到处逃亡，最后只好迁都洛邑。《黍离》这首诗就是在周平王迁都后不久，作者来到西周故都镐京时的有感而发。

在作者笔下，我们无法再看到镐京昔日的繁华场景，当年繁华的都城如今只是一片长满野草的荒凉所在。这样的场景让作者内心充满了忧愁，所以才会说："知我者，谓我心忧；不知我者，谓我何求。"这是作者内心情绪的表达，也是忧国情怀的体现。

"执子之手,与子偕老"体现了一种怎样的情感?

"执子之手,与子偕老"的意思是说,我要紧握住你的手,和你一起慢慢变老。这是一句非常浪漫的话,即使在现代,也有很多人会对自己的爱人说。当我们听到这句话时,心里也会有一股暖流流过,会很感动。与这句话意思相近的还有"死生契阔,与子成说"。这两句诗出自同一篇诗歌,可见作者是怀着多么深厚的感情在思念自己的爱人!

"执子之手,与子偕老"出自《诗经·邶风》,题为《击鼓》。全诗如下:

击鼓其镗,踊跃用兵。土国城漕,我独南行。从孙子仲,平陈与宋。不我以归,忧心有忡。爰居爰处?爰丧其马?于以求之?于林之下。死生契阔,与子成说。执子之手,与子偕老。于嗟阔兮,不我活兮。于嗟洵兮,不我信兮。

这首诗翻译成白话文是：战鼓敲得咚咚响，鼓舞士兵们上战场。人们都留在国内筑漕城，我却独自一人奔南方。跟随将军孙子仲，要去调停陈国和宋国。很久都不能回家，使人愁苦忧心忡忡。安营扎寨有了家，系马不牢走失马，让我何处去寻找，原来马在树林下。生死与共不分离，是我曾经对你说。拉着你手紧紧握，白头到老与你过。叹息与你久别离，再难与你来相会。叹息路途太遥远，不能信守那誓约。

春秋战国时期，宋国曾出兵攻打陈国，卫国的国君得知消息后，出兵助陈国抗击宋国。《击鼓》这首诗是从卫国士兵的角度写的，体现了士兵对战争的厌恶和对爱人的无限思念。

从这首诗中可以看出战争带给人们心理上的伤害。为什么这样说？因为正是这场战争，让两个原本相爱的人每天都要忍受着离别之苦。对于正处在爱情甜蜜里的情侣来说，这是一件多么痛苦的事情。更何况，一方是去打仗，而不是游学，打仗就会有流血牺牲，万一发生了意外，那岂不是永远都不能在一起了。所以说，战争从心理上就带给了他们很大的伤害。

虽然有残酷的一面，这首诗同时也能带给读者温馨浪漫的感觉。爱情是这个世界上最美好的事物，值得人用一生去追求。美好的爱情虽然很多都是以悲剧收尾，但也无法阻挡人们对美好爱情的向往。比如，梁山伯和祝英台的爱情故事，虽然最后的结局令人伤感，但是不得不说，即使明知是个悲剧，那样的爱情还是会令很多人向往。

相传，东晋永和年间，在善卷山南有一个祝家庄，庄里住着一户姓祝的员外，祝员外有一个女儿名叫祝英台，长得花容月貌，非常聪明。祝员外很疼爱这个女儿。虽然说那个年代人们都认为女子无才便是德，但是因为祝英台喜欢，也因为祝员外的宽容，祝英台还是女扮男装进了当时很有名的碧鲜庵读书。在碧鲜庵读书时，祝英台遇见了梁山伯，梁山伯很有才华，人品也很好，和祝英台很谈得来。两人可谓一见如故，很快就引为知己。但是，在祝英台和梁山伯同窗读书的三年期间，梁山伯一直都不知道祝英台其实是名女子。

他们两人在这三年一直都是同榻而眠、同席而食。祝英台渐渐喜欢上了梁山伯。三年之后，梁山伯要去余杭继续求学，而祝英台的父亲不许她前往，两人只好依依惜别。惜别之时，祝英台屡屡向梁山伯暗示自己其实是名女子，但梁山伯愣是没弄明白。于是，祝英台又假借要为家中九妹做媒为由，要梁山伯学成之后来家里向九妹提亲。祝英台不知道，其实他的父亲早已把她许配给了邑西鲸塘的马文才。

梁山伯学成之后依约来到祝英台的家里，祝英台穿上女装出来见梁山伯，这个时候梁山伯才知道祝英台原来竟然是名女子，也是她口中的那个九妹。当他得知祝英台已经被许配给了马文才之后，心里痛苦万分，祝英台也是伤心不已。祝英台的家人不许她跟梁山伯在一起，于是两人临别之时立下誓言："生不能成婚，死也要成双。"

梁山伯回家后，终因思念成疾，不久就病死了，被家人葬在了村边的西胡桥。祝英台听说梁山伯已死，悲痛欲绝，决定以身殉情。就在她被逼着嫁给马文才的那天，她坚持要经过西胡桥。轿子抬到西胡桥梁山伯的坟墓旁时，天空突然狂风大作，飞沙走石，梁山伯的坟突然裂开了一个很大的洞，祝英台趁乱跑到梁山伯的坟前跳进了那个洞里。说来奇怪，就在祝英台跳进梁山伯的坟墓后不久，天空突然安静了下来，艳阳高照，好像刚刚什么也没发生似的。这时在场的人看到，有两只蝴蝶从梁山伯的坟墓里飞了出来，一直飞到很远很远的地方。有人说，这两只蝴蝶其实就是梁山伯和祝英台幻化而成的，从此以后他们就可以比翼双飞、不离不弃了。梁山伯和祝英台虽然生前不能在一起，令人惋惜，死后他们却能幻化成蝶永远双宿双飞，从另一个角度来说，这其实也是令人羡慕的结局。

古往今来，爱情是人们永恒的追求。《诗经》中的这句"执子之手，与子偕老"最能反映恋人之间那种不离不弃、难舍难分的深厚感情，因此成为千古佳句。

《诗经》具有怎样的价值？

《诗经》是中国古代诗歌的开端，一共收集了公元前11世纪到公元前6世纪的古代诗歌305篇。范围囊括生活中的方方面面，包括政治、经济、文化、战争、情感等，反映的是西周初期到春秋中期的社会面貌。

那么，《诗经》具有怎样的价值呢？

首先，是社会价值。

《诗经》的编写主要为了三个方面的应用：第一，作为当时贵族设宴和祭祀用的礼乐；第二，作为他人诵诗的教本；第三，作为与人交流时的话题。从历史记载来看，这三个方面的应用都比较广泛。

其次，是文学价值。

《诗经》虽然在当时是被当作儒家经典广泛推荐的，但从文学价值来看，它对当时的诗歌创作有积极的推动作用。

第一,《诗经》的诞生,形成了中国诗歌史上的新体式——四言体。在《诗经》之前,虽然已经有了诗歌,但诗歌在当时还没有固定的形式,到《诗经》出现,中国诗歌才真正有了专属于自己的体裁形式。也就是说,中国诗歌的真正完善始于《诗经》。

第二,《诗经》创立的这种新体式还直接影响了后世各个时代的诗歌创作体式:后代的五言诗和七言诗,尤其是五言诗,就是在《诗经》的基础上扩展而来的;在五言诗和七言诗时代,也有人创作四言诗,沿袭了《诗经》的这种体式。

第三,从音律方面来看,《诗经》在诗歌的音律方面为后世提供了范本,这在诗歌创作史上具有重要意义。

第四,《诗经》在创作内容上开启了写实的风格,表现为用生动的语句形象地描述生活中的人物、事物和生活画面等,为后来的文学创作提供了写实的范本。

第五,《诗经》使用了"比""兴"的艺术手法。"比""兴"的艺术手法是《诗经》中运用最广泛的表现手法,自此开始,"比""兴"的艺术手法在后来的诗歌创作中才得以广泛运用。

第六,《诗经》不仅具有完整的体裁形式,还为中国以抒情为主的民族诗歌的创作奠定了扎实基础,提供了具体的形象典范。

然后，是史学价值。

《诗经》中的那些能够反映历史的诗篇，尽管其中很多都带有神话色彩，但依然具有非常高的史学价值。比如《大雅》中的《生民》等诗歌，原是歌颂祖先的颂歌，属于祭祀诗，但其中记录了周民族从母系氏族后期到灭商建国这一段历史，歌颂了后稷、公刘、太王、王季、文王、武王等人的伟大功绩，反映了周民族的政治、经济、文化等方面的情况，为后世史家编撰周民族的历史提供了珍贵的史学参考材料。

再次，是民俗价值。

《诗经》可以说是对上古时代商、周民俗风情的生动记录，透过它，我们可以更多地了解当时各个地方的民风民俗，其中包括婚姻、祭祀等。

第一，婚姻方面。如《邶风·静女》写了当时的贵族男女之间的相亲相爱；《邶风·终风》是一首描写一个女子对一个放荡男子爱恨交织的情歌；《郑风·野有蔓草》写的是男女之间的不期而遇；《召南·鹊巢》是描写男女新婚之礼的婚礼诗；《鄘风·蝃𬟽》是一首反映女子不从父母之命、媒妁之言而自由结婚的诗歌；《郑风·丰》写一位女子当初由于某种原因未能与相爱的人结婚，非常悔恨，迫切希望男方再来人驾车接她去，以便和心上人成婚；《唐风·绸缪》

描写的是新婚之夜的"闹新房"……这些诗歌从不同角度反映了当时的各种婚姻情形,体现了当时各地的民俗状况,是了解中国古代婚姻史的很好的材料。

第二,祭祀方面。如《邶风·简兮》中写到"万舞",以及跳"万舞"的伶人的动作,介绍了这种用于宗庙祭祀的舞蹈的具体状况。通过诗中的描绘,我们似乎可以看到舞者当时的神态是何等威武,从而显示出当时的祭祀场面是何等庄严肃穆。《周颂·清庙》是祭祀文王的诗歌;《周颂·天作》是描写成王祭祀岐山时的诗歌;《周颂·执竞》是祭祀武王的诗歌;《周颂·丰年》是有关秋冬报祭的诗歌;《商颂·殷武》是殷人立庙来祭祀高宗的诗歌……这些诗歌充分表现了周人和殷人对先祖和天地的恭敬,他们以祭祀歌颂的形式来祈祷。所以说,《诗经》的内容具有一定的民俗价值。

最后,是其他价值。

周代文化的最主要特点是产生了不同于前代而又影响深远的礼乐文化。其中的"礼"融合了周代的思想与制度,"乐"则是在承袭夏商两代文化的基础上发展而来的。与尊天神的殷商时期的"礼"不同,周代的"礼"是要在实际生活中建立稳定而又和谐的社会秩序,从而形成一定的社会文化氛围。《诗经》在相当程度上反映了周代的这种礼乐文化,成为保存西周至春秋中期礼乐文化最有价值的材料之一。

综上所述,《诗经》所记载的内容比处在同一时期的那些史书更为全面,价值不可估量。同时,《诗经》还为后世提供了包括当时的殉葬制度、工艺建筑、天象观测等内容,这些都是相当珍贵的史料。

可见,《诗经》正是拥有了以上价值,才能够流传后世。

第六章 《尚书》：明仁君治民，明贤臣事君

　　《尚书》，又称《书》或《书经》，是我国第一部古典散文集和最早的历史文献。它以记言为主，记录了自尧舜到夏商周两千余年的历史。

　　关于这本书的作者，众说纷纭。有人说是孔子，有人说是周朝史官，有人说此书是经过各代人的整理组合而成的。最常见的一种说法是，周朝史官编成原书，孔子做了修订。经过孔子修订之后，《尚书》才被列为儒家经典。

《尚书》中的"尚"有什么含义？

因为《尚书》的作者并非一人，所以书名在各代有诸多变更。《尚书》的"尚"字究竟是在什么时候开始被使用？最普遍的一种解释是：战国时期总称《书》，汉代改称《尚书》，即上古之书。因是儒家五经之一，又称《书经》。也就是说，"尚书"这个名字，从汉代才开始使用。那么，这个"尚"字到底有什么含义呢？

"尚"在古文中的解释是"尊崇、自负、久远"，这样的解释在当时社会代表的是至高无上的权威，那时候只有"王""天子"才会拥有。到了明朝，"先斩后奏如君王亲临"的剑叫"尚方宝剑"。由此可见，"尚"字不光是尊崇、自负的意思，也代指帝王。反观全书，我们会恍然大悟：《尚书》里面的内容也大多是臣子和帝王之间的言论。这就把"尚"字和帝王联系在了一起。

其实，看过几个章节你就会发现，《尚书》体现的是儒家的王道思想，这种思想在今天看来似乎不合时宜，但在当时的社会环境下，它的出现无疑是先进的，而且在一定程度上推动了生产力的发展和社会制度的完善。

西周末期到春秋战国时期，是中国从奴隶社会向郡县制的封建社会过渡的时期。土地国有制逐渐变为地主阶级的土地私有制，引起了阶级关系的转变，出现了王室衰微、礼崩乐坏、诸侯争霸的局面。可以说，这是一个社会大动荡的时代，"君臣无常位，社稷无常奉"，战争频繁，人民流离失所。为了实现国家统一，恢复社会秩序，一些思想家和政治家从各自的阶级立场和对社会的认识出发，纷纷提出救世方案。以孔子为代表的儒家学派希望能够回到尧舜禹时代的"大同"社会，以礼、义为标准统一人们的言行，建立"君君、臣臣、父父、子子"的社会秩序。他向各国统治者呼吁"祖述尧舜，宪章文武"，用"仁者爱人"的思想对待人民和处理一切人际关系；他向统治者建议以德治国、以刑辅之，但同时又提出"以宽济猛，以猛济宽"的治国思想；他要求人们加强道德修养，遵守中庸之道和忠恕之道；他强调人治，主张"举贤才"。

孔子的主张在维护社会稳定方面有积极意义。《尚书》就是一部通过各个朝代君主和臣子之间的言论来阐述儒家学说的著作。那么,《尚书》中究竟是怎样体现"尚"字的含义呢？一句话概括就是"明仁君治民,明贤臣事君"。

"明仁君治民"意在阐明仁君治民之道。春秋之世,圣王不作,暴君迭起,人民困于虐政,备受痛苦,水能载舟,亦能覆舟,所以君主实行仁政刻不容缓。若一意孤行,实行苛政,必然导致灭亡。夏朝的覆灭便说明了这个道理。

要想实现国家的稳定繁荣,光有明君是不够的,一个人的力量毕竟有限,明君需要贤臣辅佐。统治者需要明白什么样的臣是贤臣,怎样才能做到亲贤臣、远小人。而臣子也要明白怎样辅佐君王才能使国家昌盛。在贤臣的表现上,周公旦可谓是楷模。

周公旦,史称周公,是周文王姬昌的第四子,周武王姬发的弟弟,曾两次辅佐周武王东伐纣王,是一位杰出的军事家,但他最令人称道的功绩却在治理国家方面。

周灭商后,面对的是一个烂摊子,百废待兴。彼时,周公旦大刀阔斧地实行了一系列改革措施。在制度建设方面,周公在有选择地继承前朝制度的基础上,为周朝制定了一套完整的典章制度,如封建制度、宗法制度、井田制度等。制度的完善使周朝的国家治理井然有序——政治上有了君臣之分、等级之别；宗法上有大宗、小宗之别；经济上分公田、私田,使民不失耕；文化上,周公提出了"明德慎罚""敬德保民"的主张,并制礼作乐。

作为"人情所不免"的乐,本就是随着人类文明的发展而发展。在中国,宴会、祭祀、婚丧都需要乐,但乐作为礼制来用,应该是从周公开始的。

在平三监之乱后,周公封胞弟康叔于商故都朝歌。他告诫年幼的康叔:商朝之所以灭亡,是由于纣王酗于酒,淫于妇,以至于朝纲混乱,诸侯举义。他嘱咐康叔到朝歌后,首先要求访那里的贤人长者,向他们讨教商朝前兴后亡的原因,其次务必要爱民。

周公在制度、礼乐、民生等方面的改革使周朝改头换面,日渐强大。周公一生的功绩被《尚书·大传》概括为:"一年救乱,二年伐殷,三年践奄(奄为东方与武庚共为叛乱的部族),四年建侯卫(指分封),五年营成周(东都),六年制礼乐,七年致政成王。"这也就是"周公吐脯,天下归心"的由来。

周公旦的例子就是典型的"明贤臣事君"。"明仁君治民,明贤臣事君",君臣只有同心协力,才能让国家大治。

"无稽之言勿听"道出了怎样的明君观？

如果是一位明君，首先要遵守"以公灭私"的道德准则，但君主只是规范自己的言行还不够，当他做出一个决定前，必须要听取、吸收、总结大家的意见，而君主身边出谋划策的人很多，他应该听谁的？怎样听、怎样做才是最正确的决定呢？《尚书·大禹谟》借舜帝和大禹的故事为我们提供了答案。

舜帝在位三十多年，把部落治理得很好，但他自己却已经年老体衰。有一天，他把大禹单独叫到了身边，告诉大禹他生平的一些经验，并且问了大禹很多问题，大禹都能对答如流。舜帝很高兴，就想让大禹接替他的位置。没想到大禹却拒绝了。大禹对舜帝说："我的才能太平庸，不如我们观天象，给功臣们占卜，谁的卦象最吉利，就推举谁为首领。"舜帝摇摇头，对大禹说："我们之所以占卜，是因为心里有疑惑解决不了，不得已而为之，但我一直都在观察你，看你的为人处世，而且群臣百姓们也都支持你，你不应该推辞。"大禹依然有顾虑，不敢接，舜帝笑着说："你不需要担心，只需要记住'无稽之言勿听，弗询之谋勿庸'就行。"后来大禹当上了部落首领，他谨记舜帝的教诲，最后功德超过了舜帝。

　　舜帝告诫大禹的短短十二个字，因何有如此大的作用呢？这十二个字的字面意思不难理解，意思是"没有根据的话不要听，没有征询过意见的谋划不能采用"。下面我们对"无稽之言勿听"来进行分析，这六个字分析透彻了，后面六个字自然也就明白了。

　　"稽"的意思是考核、考察。考核、考察需要什么？需要实践，需要实实在在地去做事。如何实践？大禹治水就是一个很好的例子。前人治水只是依靠以往的经验和想当然，挖土填水，收效甚微。大禹接手治水后，并没有直接照搬古法，而是实地考察，走遍附近大小山川，最后采用了疏导的方法，把洪水成功引入大海。显然，大禹是通过"稽"，也就是实地考察、考核，而不是听信那些真伪难辨之言才最终取得了成功。其实，舜帝的这句话也可以说是大禹治水经验的总结，它告诉我们，实地考察和实践的作用是占卜和理论无法替代的。

纵观历史，听信无稽之言而不考察事实真相的教训实在太多了。

《战国策·魏策二》记载：庞葱要陪太子去邯郸做人质，庞葱对魏王说："现在，如果有一个人说，大街上有老虎，您相信吗？"魏王说："不相信。"庞葱说："如果是两个人说呢？"魏王说："那我就要疑惑了。"庞葱又说："如果增加到三个人呢，大王相信吗？"魏王说："我相信了。"庞葱说："大街上不会有老虎那是很清楚的，但是三个人说有老虎，您就觉得真有老虎了。如今邯郸离大梁比我们到街市远得多，而毁谤我的人绝对会超过三个。希望您能明察秋毫。"魏王说："我知道该怎么办，不会怀疑你的。"庞葱于是告辞而去。不久，毁谤庞葱的话就传到了魏王那里。起初魏王并不相信那些人的话，但诽谤庞葱的人越来越多，其中甚至有大家公认的德高望重的人，魏王于是逐渐对庞葱产生了怀疑，因而庞葱回国后，魏王再也不召见他了。这就是成语"三人成虎"的出处。魏王没有做到"无稽之言勿听"，从而导致自己失去了一名贤臣。

在孔子的学生曾参（曾子）的家乡费邑，有一个与曾参同名同姓的人。有一天，这个人在外乡杀了人，于是"曾参杀了人"的消息很快便传到了曾子的家乡。第一个向曾子的母亲报告情况的是曾家的邻人，那人并没有亲眼看见杀人凶手。他是在案发后从一个目击者那里得知凶手名叫曾参的。当邻人把"曾参杀了人"的消息告诉曾子的母亲时,他并没有看到预想的那种反应。曾子的母亲一向以儿子为傲,儿子是儒家圣人孔子的好学生,不会干伤天害理的事。所以,曾母听了邻人的话,不惊不忧。她一边安之若素、有条不紊地织着布,一边斩钉截铁地对邻人说:"我的儿子是不会去杀人的。"

没隔多久,又有一个人跑到曾子的母亲面前说:"曾参真的在外面杀了人。"曾子的母亲仍然不去理会这句话。她还是坐在那里不慌不忙地穿梭引线,照常织着布。又过了一会儿,第三个报信的人跑来对曾母说:"现在外面议论纷纷,大家都说曾参的确杀了人。"曾母听到这里,心里骤然紧张起来。她害怕这种人命关天的事情要株连亲眷,因此顾不得打听儿子的下落,急忙扔掉手中的梭子,关紧院门,端起梯子,越墙从僻静的地方逃走了。

以曾子良好的品德和慈母对儿子的了解、信任而论,"曾参杀了人"的说法在曾子的母亲面前是没有理论根据的。然而,即使是一些不确实的说法,如果说的人很多,也会动摇一个慈母对自己儿子的信任。由此可见,缺乏事实根据的流言是很可怕的。

看了以上两个故事,也许你会说,魏王昏庸,所以罢黜良臣,曾母文化低,所以不能明辨是非。其实不然,知易行难。就连圣人孔子也犯过同样的错误。

孔子受困于陈蔡时,曾有七天未尝过米饭的滋味。一天,弟子颜回讨来一些米煮饭。在饭快煮熟时,孔子看见颜回居然用手抓取锅中的饭在吃。孔子很生气,故意装作没看到。当颜回进来请孔子吃饭时,孔子站起来说:"我刚才梦见先祖,先祖对我说,吃东西前要先谦让长辈,这是基本的礼仪。"颜回赶忙解释说:"事情不是这样的,刚才我是看见有灰尘掉到锅中,于是把弄脏的饭粒拿起来吃了。"孔子这才恍然大悟,知道了事情的真相。这就告诉我们,遇到不解的事情要深究,要进行考察。圣人眼中看到的都未必是真,何况我们听到的无稽之言。

"无稽之言勿听,弗询之谋勿庸",对于一个明君来说,这一点非常重要。对于我们每个人的为人处世,这句话也有着非常积极的指导意义。

《尚书》中提到的禅让是比世袭更先进的制度吗？

《尚书》在中国古代一直被视为治国安邦的大纲大法，具有极为崇高的地位。在《尚书》所涉及的问题中，政权的转移是极为重要的。而在中国古代政权转移的各种方式中，禅让制无疑是最引人关注的一种制度。世袭制取代禅让制之后，觊觎王位的争夺和杀戮开始频繁出现，禅让制因此成为人们对古代淳朴善良民风的无限向往。那么，《尚书》里提到的禅让制究竟是一种什么样的制度？由禅让制变成世袭制是制度的倒退还是进步呢？

禅让制的最早记载见于《尚书》，这是上古时期推举部落联盟首领或帝王让位时的一种形式，即部落所有人表决，最后以多数决定。

《尚书》中说，尧为部落联盟首领时，推举舜为继承人，舜年老后，又推举禹为继承人。禹年老后，认为伯益贤明，传位于伯益。禹死后，伯益把位子让给了禹的儿子启。从启开始，世袭制取代了禅让制，并且传承了几千年。有人认为尧舜禹品德高尚，所以实行禅让制，推举贤能的人当首领，而他们的后代品德低劣，私心开始加重，使得禅让制无法进行。这种说法是不是正确呢？《尚书》里的《尧典》一章道出了其中玄机。

尧帝想选一名继承人来接替他的位置，有一天他把手下都召集起来说："你们说谁最贤明能干，我老了就让他接替我的位置。"众人哑口无言，面面相觑，都不想先说话。过了一会儿，一个叫放齐的人说："您的儿子丹朱聪明能干，德行出众，我看他是部落首领的不二之选。"众人连连称是。尧叹了口气，说道："他骄傲自大，整日玩乐，怎么能当部落首领，还是换一个吧。"放齐又说："共工处理政务非常好，不如就让他当首领吧。"尧生气地说："共工花言巧语，阳奉阴违，不能当首领，我还是想找一个踏实能干的人。"放齐想了一会儿，说道："让鲧当首领吧，听说他善于治水，如今水患严重，就让他施展才能吧。"尧点头称是，于是让鲧治理洪水，但鲧治理水患九年，水患却更加严重，这让尧大失所望。九年后，尧又一次召集大家，说道："你们可以推荐地位低微的人接替我的位置，只要他品德高尚，才能出众。"众人齐声说道:"舜这个人应该可以,他是乐官瞽叟的儿子,他的父亲心术不正,后母不诚实,弟弟傲慢不友好,而舜却能同他们和谐相处。我们都很佩服他!"尧点了点头说道:"我先把两个女儿嫁给他,考察他的一言一行。"后来,尧又让舜独自出去历练。舜在猛兽出没的荒郊野岭可以从容狩猎,并且能在大雾弥漫的地方找到回部落的路,部落里的其他家族成员也都信任他。三年后,尧让舜当首领,舜推荐丹朱,尧不从,舜于是当上了部落首领。

从尧帝和放齐的对话我们可以看出,放齐有意奉承尧帝——丹朱无能是有目共睹的,而放齐却推荐尧的儿子丹朱当首领。由此可见,从尧开始,人们已经有了子承父业的想法,世袭的雏形已经不知不觉在人们心中形成。放齐推荐的另外两个人,共工和鲧都是当时部落的大家族,在部落中威望很高,有权力,占有部落相当一部分财富。这说明当时人们已经有了很大的私心,认为那时候民风淳朴,人们没有私心,有点站不住脚。而从尧的话中我们还可以大致猜测,尧其实是希望自己的儿子当首领的。那当众人投其所好推荐尧的儿子时,尧为什么又否定了呢?

其实,这个问题可以从当时社会的生产力状况来进行分析。原始社会生产力低下,那时部落首领每天带领男人出去狩猎,女人则在家负责采摘和抚养小孩,多余的生产资料极为稀少。在这种情况下，部落首领的能力如果达不到一定水平，很容易把整个部落带入灭亡。所以那时候首领必须要通过禅让制，让最有能力的人接替，这样才能让大家不被饿死或者被其他部落吞并。但是这种制度并没有经受住时间的考验，后来禹禅让给伯益的首领之位，最终被禹的儿子启取得。这又是什么原因导致的呢？

从上文尧传位给舜的情况看，我们大致可以推测出禅让需要经过三个流程：第一，首领和众人的推荐，而且必须德才兼备（尧推荐舜，后来舜推荐禹）。第二，考察，检验（尧让舜独自去狩猎，舜让禹治水）。第三，原首领退隐，权力和生产资料的交接（尧和舜让位之后都隐居或者出游）。

尧和舜让位的时候都严格执行了这三个流程来完成交接，而禹在选择伯益接任的时候却出现了变化——伯益曾经是禹治水时的一名主要助手，发明过一种凿井的新方法。他擅长畜牧和狩猎，曾教会人们用火烧的办法来驱赶林中的野兽。所以在当时人们的心目中，伯益是仅次于大禹的一位英雄。按说像这样一个德才兼备的人无可争议地会当首领，而禹当时也承认了伯益接任的事，问题却出在了流程上。

读完《尚书》，我们发现，禹只是口头上承认了伯益这个继承人，也就是说执行了前两个流程，第三个流程并没有执行，而第三个流程却是一个至关重要的流程，权力和生产资料不交接，伯益就很难继承位子。那禹把生产资料和权力交接给了谁呢？交给了他的儿子启。这从启能轻松灭掉伯益和叛乱的部落就可以看出来。启并没有立下什么功劳，但因为拥有权力和大量的财富，所以他最后成了部落首领。这里面的深层原因是生产力的发展造成了生产资料的剩余，私有制度逐渐确立，而制度的变化必然会影响人们的意识。所以，用发展的眼光来看，禅让制被世袭制取代是一种必然，只是在启那个时代才完成了量变到质变的转化。

所以我们说，禅让制被世袭制取代并不是社会的倒退，相反，这是社会的进步。世袭制才是比禅让制更加先进的制度，它适应了当时生产力的发展，标志着部落分散统治的结束和奴隶制国家的诞生。

第七章

《礼记》：往而不来非礼也，来而不往亦非礼也

《礼记》，又称《小戴礼记》，儒家经典之一，相传为西汉戴圣编撰，内容主要是记载和论述秦汉以前的汉民族礼制、礼仪，共49篇。

《礼记》里不仅记载了包括子游学派、子夏学派、曾子学派、子思学派、孟子学派、荀子学派等儒家内部的诸多派别思想，墨家、道家、农家、阴阳家等先秦诸子百家的思想学说也渗透其间。由此可以反映出《礼记》编撰的时代是一个对儒家各派求同存异，对诸子百家加以融合吸收的时代。

我们现在常说的"礼尚往来"就是由《礼记》中的"礼尚往来，往而不来非礼也，来而不往亦非礼也"一句变化而来，由此可见《礼记》对后世的深远影响。

《礼记》中的"小康""大同"分别指的是什么？

"小康"和"大同"的概念出自《礼记》中孔子和弟子子游的对话，与我们今天讲的小康社会的"小康"是有区别的。那么孔子那个时代的"小康"和"大同"分别是指什么呢？那时候大同社会和小康社会又有什么区别？

孔子认为：在大道施行时，天下是人们共有的，把有贤德、有才能的人选出来给大家办事，人人讲求诚信、崇尚和睦。因此人们不光奉养自己的父母和子女，还能让老年人终其天年，中年人为社会效力，幼童顺利地成长，使老而无妻、老而无夫、幼年丧父、老而无子、残疾的人都能得到安养。男子有职业，女子及时婚配。人们收贮货物也不是为了独自享用，而是和大家分享，人们憎恶那种在共同劳动中不肯尽力的行为，大家都为了共同的利益奋斗。这样一来，就不会有人搞阴谋，不会有人盗窃财物和兴兵作乱，家家户户晚上也都不用关大门了，这就叫作"大同"社会。如今大道已经消失不见，天下成为私家的。人们只敬爱自己的父母，只疼爱自己的子女，对待财物和出力都是为了自己；天子诸侯把父子相传、兄弟相传作为礼制，城外护城河作为防守设施，礼义作为准则；用礼义摆正君臣的关系，使父子关系纯厚，使兄弟关系和睦，使夫妻关系和谐，用礼义来建立制度，来建立户籍，按照礼义把有勇有谋的人当作贤者，按照礼义把自己看作有功之人。因此奸诈之心由此产生，战乱也由此兴起。夏禹、商汤、周文王、周武王、周成王、周公因此成为三代诸王中的杰出人物，只不过他们是从礼义的基础上选拔出来的。这六位杰出人物以礼义表彰他们做对了的事，以礼义成全他们讲信用的事，揭露他们有过错的事，把仁爱定为了原则，提倡礼让。以礼义指示人们要遵循固定的规范。如果有不遵循礼义的人，在位的就会被罢免，被当作祸害，这就叫作"小康"。

  从孔子的话语中我们可以大体推测出，"大同"社会指的是尧舜禹时期，而"小康"社会则是指夏朝以后的时期。孔子惋惜自己没有赶上"大同"社会，现在只能把希望寄托于依靠礼义规范的"小康"社会。所以，孔子把尧舜禹时代的"大同"社会看成是无限向往的理想社会，而后来的"小康"社会，孔子并不十分推崇。因为在孔子看来，"大同"社会起码在四个方面要优于"小康"社会。

第一，在政治制度方面：大同社会是天下为公的禅让制，首领和臣子都是选择有才能、有品德的人，他们同别的部落也能和睦相处、共同发展，而小康社会是天下为家的世袭制，首领和臣子都是选择合乎礼义的豪门世家子弟，对别的国家严防死守，生怕别人攻打自己。

第二，在社会制度方面："大同"社会是仁者爱人，即人们并不只是疼爱自己的子女，对待别人的子女也会给予无限关爱，并且男耕女织，自动自发，不需要监督。而在"小康"社会人们只是疼爱自己的子女，对待别人很少关心，只是依靠礼义规范自己的行为，心里并不知道应该怎么做。

第三，在经济制度方面："大同"社会的人们能够把自己存储的财富食物分享给大家，劳动成果也归功为大家的共同努力，而"小康"社会的人们私藏财富、食物是为了自己享用，自己的功劳绝对不会让给别人。

第四，在治安方面："大同"社会的人们夜不闭户、路不拾遗，争执都是和平解决，而"小康"社会的人各怀异心，运用自己的智慧对付别人，战乱频繁。

由此可见，"大同"社会确实是"小康"社会远远不能企及的，而且孔子心中的"大同"社会，在老子的《道德经》

中也有类似的描述。

老子说：抛弃聪明智巧，人民可以得到百倍的好处；抛弃仁义，人民可以恢复慈孝的天性；抛弃奸诈和私利，盗贼也就没有了。慧智、仁义、狡诈这三样东西全是小道，作为为人处世的法则根本不行，所以要使人们的思想认识有所归属，保持纯洁朴实的本性，减少私欲杂念，才能免于忧患。所以，我们不推崇有才德的人，才能使老百姓不互相争夺；不珍爱难得的财物，才能使老百姓不去偷窃；不显耀足以引起贪心的事物，才能使民心不被迷乱。因此，圣人的治理原则是：排空百姓的心机，填饱百姓的肚腹，减弱百姓的竞争意图，增强百姓的筋骨体魄，使老百姓没有智巧，没有欲望，致使那些有才智的人也不敢妄为造事。使国家变小，使人民稀少，即使有各种各样的器具，却并不使用；使人民重视死亡，而不向远方迁徙；虽然有船只车辆，却不必经常坐它；虽然有武器装备，却没有地方去布阵打仗；使人民再回复到远古结绳记事的自然状态之中。人民吃得香甜，穿得漂亮，住得安适，过得快乐。国与国之间互相望得见，鸡犬的叫声都可以听得见，但人民从生到死，也不互相往来。

老子对理想社会的描述和孔子的"大同"社会不谋而合——孔子推崇的尧舜禹时代不就是老子所说的结绳计数时期吗？只不过孔子只是感叹，表现出了对现实社会的无奈，而老子在感叹的同时又提出了自己的主张,认为人们是可以由"小康"时代回到"大同"时代的,那就是抛弃一切智巧文化,为学日益,为道日损,依靠逐渐减少欲望来达到"大同"。但是他们说的类似于"大同"的社会真的能实现吗?结绳计数的尧舜禹时代真的就是他们无限神往的"大同"社会吗?我们先来分析尧舜禹时代的社会现状。

尧舜禹所处的时代是原始社会末期,那时候生产力极为低下,人们通过劳动获得的产品十分有限,主要使用石器工具,只能依靠集体的力量、共同的劳动才能生存下去。共同的劳动决定了劳动的产品也归全体社会成员所共有,因而也就没有阶级、没有阶级压迫和剥削及现代社会存在的抢劫、偷窃、诈骗等种种社会丑恶现象,因为如果不实行平均分配,部落的一部分人就会死亡,人员的减少也会使得防御洪水猛兽和外来部落入侵的能力大大降低,不利于部落人员的繁衍生存。而且,原始社会的生活、医疗、管理的经验和知识极为匮乏,遇到疾病、灾祸只能听天由命。一个如此落后、如此高死亡率的时代怎么可能是"大同"社会呢?随着生产力的发展,原始社会逐渐向奴隶社会过渡,人们才慢慢积累了对抗大自然、维持生存的本领和经验。所以"大同"社会就算存在,也不会是落后的原始社会。

孔子和老子只是看到了尧舜禹时代没有来自同类的欺骗

和残杀，而没有看到那个时候人类的敌人主要来自大自然。对大自然的无知造成的灾难是远远超过人祸的。所以我们要用发展的眼光看待问题，敢于批判先贤的守旧思想。

儒家弟子对"礼义"看得有多重?

《礼记》历来被看成是儒家弟子的行为规范。孟子就说过:"鱼,是我喜欢的;熊掌,也是我喜欢的。如果这两种东西不能够同时得到,我就舍弃鱼而要熊掌。生,是我热爱的;义,也是我热爱的。如果不能够同时拥有这二者,我就舍弃生而获取义。"

而孔子也经常告诫弟子要把"克己复礼"作为一生的座右铭。有一次孔子的弟子颜回请教如何才能达到仁的境界,孔子回答说:"努力约束自己,使自己的行为符合礼义的要求。如果你能够做到这一点,就可以达到仁的境界。"颜回又问:"那么,具体应当如何去做呢?"孔子回答说:"不符合礼的事,就不要去看、不要去听、不要去说、不要去做。"颜回听后对老师说:"我虽然不够聪明,但决心按照老师的话去做。"孟子告诉我们,要将"礼义"看得比生命还重要;

孔子告诉我们，应该终其一生让自己符合"礼义"的要求。那么，先秦时代的儒家弟子对"克己复礼"和"舍生取义"是怎样看待的呢？下面我们以子路和曾参为例来说明。

曾子得了重病，乐正子春坐在床下，曾元、曾申坐在曾子脚旁，打杂的童仆坐在墙角，手拿烛火照明。童仆年幼，看到曾子睡的席子很特别，就随口说："您的席子看上去华丽无比，是大夫用的席子吧？"乐正子春怒斥童仆说："闭嘴，老师都病成这样了，你还胡说八道。"没想到这句话让曾子听到，他突然惊叫着问童仆："你刚才说什么？"童仆回答说："我刚才说您的席子很漂亮！"曾子叹息一声说道："我忘了一件事，这席子是季孙送给我的，是大夫才配用的席子，我不该用，我没有力气换掉它。你们把我扶起来，把席子换掉。"曾元说："您的病已很危险了，不能移动，等到天亮，我再换掉它。"曾子怒喝道："你还不如童仆尊重我呢。君子尊重人是用德行和礼义，小人尊重人是姑息迁就。席子不应该是我的，换掉吧。"于是大家扶起曾子，换了席子，而当他的弟子再把他扶回到床上时，还没有放安稳，曾子就去世了。

曾参在寿元将尽之时也不忘遵守自己的"礼义"。他的弟子帮他换掉了席子，成全了他，他因此可以瞑目了。

鲁国的大夫公山不狃与大贵族季氏不和，于是带兵打下了一座城池费邑，自命为国君，派人来请孔子前去共同治理。孔子当时正处在人生不得志的时期，入仕屡屡受挫，一听有人邀请，能施展一下才能，非常高兴，于是收拾行李准备直奔费邑，没想到一出门就被弟子子路拦住了。子路冷冷地说道："没有地方去，待在这里讲学也可以，为什么帮公山不狃？"孔子说道："我去是实行仁政，让周文王、周武王的德行推广到费邑，并不是去帮他。"子路反驳道："公山不狃是乱臣贼子，不听从自己国君的号令，自立为王，这种叛国的人大逆不道，您平时教育我们为臣、为君之道，这次为什么要助纣为虐呢？"孔子被说得哑口无言，只得作罢。

后来晋国大贵族赵简子的家臣佛肸占据中牟，独立为王，也派人来请孔子去治理政务，推行孔子的主张。孔子又想过去，半路上又一次被子路拦下。后来孔子再也不去辅佐叛党了。子路为了"礼义"敢于顶撞自己的老师值得赞扬，后来子路更是为了"礼义"而死。

卫灵公有一位美丽妖艳的夫人南子，和卫灵公的长子蒯聩有染，没想到事情败露，蒯聩怕被诛杀便逃亡在外。没过多久卫灵公就死了，大臣们认为蒯聩的长子姬辄还在，而且已经成人，按照宗法制度应当立其为国君。于是蒯聩的儿子姬辄便顺利即位，这便是卫出公。但问题马上就出现了，父亲还在，本来应当是父亲的国君位置却被儿子占有了，而卫出公又没有迎接父亲回来的意思，这让一直流亡在外的蒯聩心理严重失衡，于是他找准时机悄悄溜回卫国，勾结大夫孔悝发动军事政变，赶跑了卫出公，自己当起了国君。这虽是国家大事，但也是父子之间的家事，外人可管可不管，群臣也都害怕蒯聩的淫威，不敢插手此事。恰巧，子路正在孔悝的手下当官，被外派到郊区，而在郊区听说这件事后，子路义愤填膺，连夜从郊区跑回城里。城门将要关闭的时候子路终于赶到了。他正要敲开城门，门旁一个叫子羔的人赶忙拦住子路说："现在大局已定，出公已经逃到了国外，城里都是蒯聩和孔悝的人，你可以回去装作不知道这件事，照样还是荣华富贵，进去反对他们就是白白送死。我看你是一位英雄，所以告诉你这些。"子路叹了口气，对子羔说："我每天都吃国君发给我的俸禄，现在国君有难，我不去据理力争，而是逃避，非君子所为。"

子羔走后，子路藏在入城的车队后面混了进去，刚好看见蒯聩和孔悝正在木头搭建的点将台上犒劳将士，于是走到台下，大喊道："国君你登基可以，但不要用孔悝，他背主谋反，一定要把他杀了。"蒯聩大怒，言道："孔大夫帮助我夺得王位，功不可没，先生还是离去吧，不要多管闲事。"子路不听，拿起火把要上去烧点将台，蒯聩和孔悝大惊失色，连忙召唤兵将围攻子路，子路临危不惧，斩杀数人，并没有想逃的意思。争斗之中，子路系冠的绳子被士兵的长剑斩断，子路想到君子不能没有冠，也不能掉了冠，于是蹲下身子系冠，被众士兵斩杀。孔子听说卫国发生内乱，痛哭流涕，说道："我再也见不到子路了。"可见，孔子对子路了解得很深。

其实子路完全可以不用去赴死，因为这是别人的家事，他有充分的理由为自己不去维护"礼义"辩解，但子路没有这么做，他认为维护儒家的"礼义"是比生命还要重要的东西，背弃自己的君主而投靠别人就是大逆不道，这样的行为必须要受到惩罚。因此，为了"礼义"，他选择了慷慨赴死。

儒家弟子应该拘泥于礼还是要懂得变通？

"礼义"作为儒家的行为准则自然需要每个儒家弟子遵守，但世事无绝对，每个儒家弟子都是不同的人，他们有着各异的性格、互不相同的价值观，而且他们对于"礼义"都有不同的看法，既然看法不同，他们的行为准则也许就有差别。那他们要怎样做才算是正确且符合儒家的"礼义"呢？其实孔子在很早的时候就已经想到了这个问题，所以他教育不同的弟子也会采用不同的方法。在非原则性的问题上，孔子允许他的弟子有不同的意见和行为，并且鼓励他们认识缺点并加以改进。

有一次，孔子讲完课，回到自己的书房，学生公西华给他端上一杯水。他刚想喝水的时候，突然看见子路匆匆跑进来，大声说道："老师，如果我听到一种自认为正确的主张，可以立刻去做吗？"孔子看了子路一眼，慢条斯理地说:"立刻做就是鲁莽,总要问一下父亲和兄长吧,就算父亲、兄长拿不定主意,还有老师、同学呢,你也可以问问子贡、颜回他们。他们比你稳重,想得也比你周到。"

子路受教后离开了。没过一会儿,冉有悄悄走到孔子面前,恭敬地问:"老师,我能不能问您一个问题?"孔子说:"有话就直接说,不用拐弯抹角。"冉有说:"我听到一个正确的主张能不能立刻去做呢?还是要先问问别人?"孔子放下水杯大声说:"做人要有辨别是非的能力,别人的想法未必就正确,他们代替不了你,你认为对就立即去做吧。"冉有受教离去。这时,公西华奇怪地问:"老师,针对一样的问题您的回答怎么相反呢?"孔子笑了笑说:"冉有性格谦逊,办事犹豫不决,总是因为害怕做错事而延误行动,所以我鼓励他临事果断,想到就做。但子路逞强好胜,办事从来不考虑后果,我害怕他因为鲁莽闯下大祸,所以让他三思而后行。"

从孔子对子路、冉有的同一问题的不同回答可以看出,孔子针对弟子的性格采取了不同的教育方法,弟子们对同一件事有不同的看法在他眼里并不奇怪,弟子们也无须非要按照统一的准则去做事。那么,在关乎"礼义"的事情上孔子对他们又有什么样的要求呢?

鲁国有一条法律,就是本国的人在国外沦为奴隶,有人能把他们赎出来的,不管花多少钱,只要拿着凭据就可以到国库中拿回赎金。有一次,孔子的弟子子贡在国外赎了一个鲁国人,回国后他没有去国库领取赎金,鲁国的乡亲知道后都称赞子贡,子贡心里也是洋洋得意,就把这件事告诉了孔子,认为孔子一定会夸奖他。不想孔子知道后非常不高兴,对子贡说:"你这样做根本就是错误的。你拿回国家给你的赎金,并不会损害你的'礼义',别人知道后也会认为国家讲信用,以后也乐于赎人,而你不肯拿回你垫付的钱,就是把你自己的私德抬高到公德上了,别人以后也会和你比,那些不想丢面子也不想花钱的人,就会选择不搭救鲁国人。现在世道混乱,人们生活水深火热,百姓自己都吃不饱饭,你让他们学你无私奉献,这怎么可能呢?"子贡恍然大悟,惭愧不已。

  一次,子路在河边看见一名不慎落水的人,顺手将他拉了上来,那人感谢他,竟然送了他一头牛。子路想都没想就收下了,回来后跟大家说了这件事,大家都觉得他不应该收受物品,认为助人应该是每个儒家弟子应该遵守的"礼义",所以救人的"仁心"不能被钱物所玷污。但孔子听到后却高兴地说:"这样,以后大家一定会勇于救落水者,子路做得太好了。"

子贡让金这种看似严格遵守儒家"礼义"的行为并没有得到孔子的认可,而子路受牛这种看似收取别人财物的行为却受到了孔子的表扬。可见,孔子并不赞同弟子按照"礼义"中的条条框框来机械地指导自己的行为,而是主张变通地看待问题。子贡虽然成全了自己的美德,保住了自己的"礼义",却增加了人们心里的压力,不利于儒家"救世"目标的达成。"礼义"只是达到目标的一个方法,是可以变化的,而目标才是永远不能改变和转移的。孔子的弟子曾子在后期也明白了这个道理。《礼记·檀弓》中就记载了这样一件事:

有一年,齐国发生了严重的灾荒,城里到处都是饥民,国家并没有多少钱接济他们,只能任由他们饿死。富人黔敖于心不忍,熬了一大桶粥摆在大路边,让路过的饥民免费食用。有个饥饿的人用袖子蒙着脸,拖着鞋子,昏昏沉沉,跌跌撞撞地走来,黔敖大喊着说:"喂!你小子过来吃吧,别饿死了。"没想到那个人抬起头,瞪着眼睛看着他说:"我就是因为不愿吃带有侮辱性的施舍,才落得这个地步的。这粥你留给自己喝吧。"于是,他断然谢绝了黔敖的施舍,向城外走去。黔敖自觉惭愧,赶忙跑过去对那人作揖,恭恭敬敬地把碗递到那个人面前说:"先生请吃吧。"那个人仍然不理会黔敖,最终饿死在城外。曾子听到这件事后感叹说:黔敖无礼呼唤时,那个人当然可以拒绝。但黔敖知错能改,待他已经符合了礼,他还拒而不受,最后落得自己身死,就不是正确的做法了。"

《礼记》告诉我们应该怎样为学？

《道德经》里说："为学日益，为道日损。损之又损，以至于无为，无为而无不为。"意思是说，学习要一点点积累，而通向大道需要一点点地减去多余，最后达到无为而无不为的境界。可见，老子对"为道"的重视远远超过"为学"。以孔子为代表的儒家却认为"为学"对于人来说是不可或缺的——玉石不经过琢磨，就不能用来做器物；人不通过学习，就不懂得道理。儒家把为学视为通向人生大道的一个必须经历的过程。那么，儒家弟子应该如何"为学"呢？《礼记》中讲了以下的为学方法：

第一，持之以恒。《礼记》中说，为学必须有正式的课业，课后休息时也得有课业练习。不学习弹奏杂乐，就不能懂得音乐；不学习各种比喻的方法，就不能理解《诗经》；不学习各种服饰的用途，就不懂得礼仪；不重视学习各种技艺，就不能激发对学业的兴趣。而君子求学，要不停钻研，反复练习，休息或闲暇时也要念念不忘。所谓精诚所至，金石可镂，只要有恒心和毅力，就没有办不到的事情。

第二，循序渐进。优秀冶匠的儿子，必须先学习制作皮衣；优秀弓匠的儿子，必须先学习制作簸箕。而学习也一样，需要一天天的积累，不可急功冒进，快速得来的知识也会很快失去。

第三，善于学习。知道怎样学习的人，老师费力小，而自己收到的效果却很大，不善于学习的人，老师费力大，而自己的收获却很小。所以老师可比喻为敲钟者，而学生可比喻为钟，敲钟者应当了解钟的特点和性能，然后以适当的方法去敲击。对于好钟用不着重重地敲和反复地敲，敲一下就行。而对于坏钟则需要反反复复地敲，还要换用更重的锤子敲。所以作为学生要争做那个"好钟"，而作为老师，要做那个"好钟""坏钟"都会敲的敲钟人。

第四，实践出真知。再美味的食物，不去品尝，就不知道味道的甘美。虽然有最好的道理，但不去学习，不去实践，也不知道它的好处。所以，学习的最终目的还是应用于实践。

"蜀鄙二僧"的故事就告诉了我们实践的重要性：

四川的边境有两个和尚，其中一个贫穷，另一个富有。

穷和尚对富和尚说:"我想去南海,怎么样?"富和尚说:"你凭借什么前往?"穷和尚说:"我只要一个水瓶和一个饭钵就够了。"富和尚大笑说:"我几年前就想要买舟顺江而下,因为地势险恶,距离又远,所以到现在还不能去南海,我都去不了,你当然更去不了。"

到了第二年,没想到穷和尚从南海回来了。他还把这件事讲给富和尚听,富和尚听后露出了惭愧的神色。

四川边境距离南海有几千里远,富和尚虽然资源充足,但他畏首畏尾,不敢行动;穷和尚资源差,但凭借一股坚忍不拔的毅力和勇于行动的冲劲完成了富和尚无法完成的事情。所以,一个人的聪明才智有时可以依仗,有时却不能依仗,学到再多的知识,有再多的资源,如果不去行动,不去实践,就等于没有。所以,"为学"需要知行合一,理论联系实际方能有所得。

为学的方法固然重要,但为学的核心却是尊师重道。一个知识渊博的人如果不尊重老师,那他还不如学问不如他但尊师重道的人。《礼记》对此有明确解释:凡是为学之道,以尊敬教师最难做到。教师受到尊敬,然后大道才会受到尊重;大道受到尊重,然后民众才懂得敬重学业。所以国君不以对待臣子的礼节来对待臣子的情况只有两种:一种是在祭祀中臣子担任祭主时,不应以臣下之礼来待他,另一种是臣子当君主的老师时，也不应以臣下之礼来待他。在"大学"的礼仪中，当老师的人即使接受国君的召见，也不必按臣礼面朝北，这是为了表示尊敬老师。

《礼记》里面的为学之道，虽已经过去了几千年，但这并没有影响它对当今社会的价值和意义。如今人们大多浮躁而功利，专注于学技能与专业知识，局限于"术"的范畴而不知，这时，我们更要学习古代先贤尊师重德的精神，体会他们当初为学的艰辛，在学会为学之术的同时，明白为学之道。

第八章

《周易》：君子以俭德辟难，不可荣以禄

　　《周易》是传统经典之一，内容包括《经》和《传》两个部分。《经》相传系周文王姬昌所作，主要是六十四卦和三百八十四爻，卦和爻各有说明，作为占卜吉凶和说物明理之用。《传》包含解释卦辞和爻辞的七种文辞共十篇，统称《十翼》，相传为孔子及其弟子所创。

　　《周易》的内容极为丰富，对中国几千年来的政治、经济、文化等领域都产生了极其深远的影响，无论孔孟之道、老庄学说，还是《孙子兵法》《鬼谷子》，甚至是《黄帝内经》等医学著作，都与《周易》有着密切的联系。《周易》是中国传统思想文化中自然哲学与人文实践的理论根源，是中国天命观和阴阳观思想的集合，亦是中华文明的源头活水。

为什么说《周易》是一部论"变"法的奇书?

天地之间唯一不变的就是变化。变化提醒人们,今日异于昨日,明日又将不同,甚至没有任何一刹那不在变动之中。如果无法把握变化的规则与方向,则将时时刻刻生活在不安与恐惧之中。所以,很久以前古人就想通过对阴阳的研究来揭开变化规律的神秘面纱,从而提出了阴阳对立、阴阳互根、阴阳消长和阴阳转化等观点。其中阴阳转化的特性就说明了阴阳之间相互变化、相互变换的道理,从而推导出万事万物的变化规律。《周易》作为一部以阴阳论为基础的书,有很多篇幅都是在讨论"变化"之法。

《周易·系辞》里有一句话:"穷则变,变则通,通则久。"意思是说,事物发展到了极点,就必须要发生变化,发生变化,才会使事物的发展不受阻塞,才能永不间断。至于事物发展到顶点为什么要变，乾卦里的卦辞"亢龙有悔"告诉了我们这个秘密。"亢龙有悔"的位置在上九，以六爻的爻位而言，已经到了极点，再无更高的位置可占，孤高在上，犹如一条乘云升高的龙。它升到了最高亢、最极端的地方，四顾茫然，既无再上进的位置，又不能下降，所以它反而有了悔意。这一爻和"物极必反"的意思差不多，指人无论做什么事情，如果没有经过深思熟虑，不考虑最终的结局与后果，以及种种可能与变化，最终会导致失败和惨祸。其实，"乐极生悲"说的也是这个道理。

商纣王刚继承王位时，国富民强，自己也是身强力壮、聪慧过人，要是他励精图治、建功立业，未尝不会受四方朝拜、万民敬仰。而就算他安安分分，做一个平庸的君主，也能确保风调雨顺、落得善终。但他后来却骄奢淫逸、残忍暴虐，并且愈演愈烈。当他的骄纵不可一世到极限的时候，也就到了变化的时候——气运由盛转衰，商朝的大好基业变为一片废墟，商纣王自己也走到了灭亡的尽头，正应了那句"亢龙有悔，盈不可久"。

既然事物可以往不好的一面变化，那相对的，可不可以往好的一面变化呢？答案是肯定的，我们来看《周易》的否卦和泰卦。否卦是下面坤上面乾，代表天在上，地在下，互不交融，失去活力，所以是不好的卦象，而泰卦是下面乾上面坤，天需要往上升，地需要往下降，两者互相作用，天地交融，所以是很好的卦象。否卦和泰卦乾坤互补，谁也离不开谁。二者构成了相对应的一个组卦。否是闭塞，不好；泰是通顺，好。两者相辅相成。先讲坏的一面，再讲好的一面，说明好、坏可以相互转化。好中有坏，坏中有好，好到极点可以变坏，坏到极点则可以变好。

塞翁失马的故事充分说明了好坏相互转化的道理，否卦可以转化成泰卦，泰卦也可以转化成否卦。

靠近边境的地方有一个充满智慧的老者，他的马无缘无故地跑入胡人的领地。胡人彪悍而残暴，没有人敢闯入他们的领地取东西，老者也不例外。于是，人们都对他的不幸表示安慰。老人说："这未必是坏事，说不定还是好事呢。"过了几个月，那匹马带着胡人的一匹骏马回来了，于是人们都祝贺他。老人叹息说："这说不定会成为一件坏事。"后来他的儿子骑胡人的马摔下来，摔成了残废。于是人们又来安慰老者，这时老者却说："这说不定是一件好事。"过了一年，胡人大举入侵边境，青壮年男子都拿起弓箭去作战，很多人都战死了，而唯独他的儿子因为腿瘸的缘故没有应征入伍，父子得以保全。

《周易》乾卦里说:"天行健,君子以自强不息。地势坤,君子以厚德载物。"这告诉我们,否极泰来的变化是有条件的,只有不断地自强不息,才能触发这个条件,完成变化。所以说,《周易》的确是一本论变化的书。

《周易》是占卜之书还是修身之书？

有人说《周易》是一本诸子百家无所不包的百科全书，它集结了原始社会到春秋战国时期劳动人民积累的所有经验和智慧。也有人说它是一本史书，是我国最早的经典著作之一，位列"五经"之首，对中国乃至世界都产生了巨大的影响，但西方不少学者却认为它是一本哲学著作，包含了朴素的唯物论和辩证法思想，然而，更多的人会说它是一部讲阴阳八卦的占卜用书。那么，《周易》到底是一本什么样的书呢？它的出现对人们来说有什么特殊的意义呢？我们先从《周易》的原作者周文王说起。

周文王又称西伯侯，它的封地叫西岐。西岐在西伯侯的治理下国力增强壮大，引起商王朝的不安。商纣王的亲信逸臣崇侯虎暗中向纣王进言说，西伯侯到处行善，树立自己的威信，诸侯都向往他，恐怕不利于纣王。纣王于是将西伯侯拘在殷都附近的牢狱里，而且他的长子伯邑考也被带到殷都做人质，给纣王做车夫。伯邑考后来拒绝纣王宠妃妲己的勾引而被妲己陷害，被纣王放在大锅里煮成肉粥，赐给西伯侯吃。吃之前西伯侯用周易算了一卦，得知肉是自己儿子的，悲痛万分，但为了留得有用之身，还是把儿子的肉吃了，并装作不知道。纣王因而得意地对别人说："谁说西伯是圣人？他竟然吃了自己儿子的肉粥还不知道呢！"

这个故事当然只是传说，但也从侧面反映了当时人们把《周易》看成了一本通晓宇宙玄机的宝典，并对它寄予无限希望。从《周易》的产生以及早期应用看，《周易》确实是一部占卜之书。在早期中国社会，由于生产力低下，科技不发达，先民们对于自然现象、社会现象，以及人自身的生理现象不能做出科学的解释，就把它们归结为不可知的神秘力量驱使，因而就产生了对神的崇拜，认为在事物背后有一个至高无上的神存在，支配着世界上的一切。当人们屡遭意外的天灾人祸打击后，就萌发出一种欲望，试图借助神意预知突如其来的横祸，以及人类自身行为所带来的后果，以达到趋利避害的目的。

基于此，他们在长期的实践中发明了种种沟通人神的预测方法。由于《周易》就是其中的成果之一，所以《周易》在很长一段时间内确实主要用来占卜，但是战国末期的儒家代表人物荀子却有一句否定占卜的话,那就是"善为《易》者不占",语出《荀子·大略》,其原话为:"善为《诗》者不说,善为《易》者不占,善为《礼》者不相。"意思是说:精研深解《诗经》的人不会到处炫耀诉说,精研深解《易经》的人不会热衷于占卜,精研深解《礼》的人不会辅助他人充当司仪。

其实,荀子的这句话是很有道理的。真正吃透《周易》这本书的人就会明白自己该怎么做,根本不用占卜,而对《周易》一知半解的人,才把它奉为天书,斋戒占卜、惶惶不可终日。

也就是说,《周易》本来就不是什么预测未来的天书,而是一本修身的书。仔细想来也有道理,就像我们现在生病看中医,医生开完药一般会提醒我们注意的事项。比如会说一段时间内不要吃凉的东西,或者少吃牛羊肉,其实这就是一种对未来的预测,如果我们照做了,一般情况下就会平安无事,如果一点都不在意,依然我行我素,破坏这些禁忌,就有可能久治不愈。其实,《周易》也是一样的道理。它只是对未来将要发生的事情的一种大体预测,但核心还是要求我们修身,也就是加强自身的修养和锻炼。当一个人的品行、修养、锤炼都达到一定程度的时候,自然而然就会大吉大利,反之则厄运连连。

《周易》作为修身之书的最有力证据就在卦象之中。我们就拿《周易》的第一卦乾卦来说，九二、九三卦爻排在前面，代表君子初出茅庐的时候，九三的爻辞上说："君子终日乾乾，夕惕若厉，无咎。"意思就是说，品德高尚的人应该自强不息，夜晚小心谨慎就好像如临危境，不能稍懈，这样就没有灾难了。很明显，这句话不是单纯地预测未来，而是对君子提出了修身要求。什么要求呢？就是努力的同时要韬光养晦、小心谨慎，这样才能不出危险。所以，这一卦的吉凶不是由卦本身决定，而是由人自己决定的。舜就正好应了这一卦。

　　舜自幼家贫，但他勤劳踏实，年纪轻轻就远近闻名。当时的首领尧非常欣赏舜，就赏赐了舜不少东西。舜的爸爸瞽叟和弟弟象知道后很眼红，就商量着杀掉舜，霸占这些财物。有一天，瞽叟让舜修补仓房的屋顶，却在下面纵火焚烧仓房。舜靠两只斗笠作翼，从房上跳下，幸免于难。后来瞽叟又让舜掘井。在舜将井挖得很深时，瞽叟和象却在上面填土，要把井口堵上，将舜活埋在里面，但舜事先早有警觉，在井壁旁边挖了一条通道，从通道中逃跑。

　　而当尧告诉舜，要把两个女儿嫁给他，并让他转告父母时，舜并没有告知父母，因为他知道，告知父母并不会起什么好的作用，反而会增添许多麻烦。于是。他就以自己的名义应下了这门亲事。邻里乡亲知道舜的家庭情况，都很佩服舜。尧知道了舜的这些事情后，也给予了舜很高评价。后来，舜果然不负众望，继承尧当上了部落首领，并且把部落管理得井井有条。

舜之所以能化险为夷，不是因为运气，也不是因为未卜先知，靠的是聪敏和勤奋。他一次次化解了父亲和弟弟的迫害，并且小心谨慎、不想报复他们，但也从来不信任他们。他踏实而勤奋，这种品质使他能够从九三卦爻上升到九五卦爻。九五卦爻的爻辞是"飞龙在天，利见大人"，这也就预示着他会有所成就，会得到赏识。事实证明确实如此。尧最后提拔舜当了首领。

所以，《周易》表面上看是一部无所不包的占卜之书，实则是一本修身之典。"善为易者不占"，只要我们精研《周易》的道理，提高自己的修养，努力勤奋，自强不息，自然会消灾弭祸、大吉大利。

《周易》属于阴阳学说吗？

阴阳学说是古代劳动人民提出的一种哲学思想。上古年代，就有阴阳崇拜。中国古代思想家认为，宇宙间一切事物都是由互相对立又互相依存的两个方面构成的，这两个方面就称为阴阳。但很多人认为阴阳学说来自《周易》，"太极生两仪，两仪生四象，四象生八卦"，这里的"两仪"在中国古典哲学里就指代阴阳。

既然《周易》是一本关于阴阳的学说，书里面必然要提到阴阳的特性，而阴阳总结起来有四种关系，即阴阳对立、阴阳互根、阴阳消长、阴阳转化。我们先来看看《周易》里对阴阳的这四种关系的解释说明。

第一，阴阳对立。对立是指处于一个统一体的矛盾双方的互相排斥、互相斗争。阴阳对立是阴阳双方的互相排斥、互相斗争。阴阳学说认为，阴阳双方的对立是绝对的，如天与地、上与下、内与外、动与静、升与降、出与入、昼与夜、明与暗、寒与热、虚与实、散与聚，等等。正如《周易》里的乾坤二卦，乾卦是阳，也代表君子，坤卦是阴，也代表小人，是君子就非小人，是小人就非君子。君子和小人是对立的两个方面，而且卦象的吉凶也能说明这个道理。每一卦不是占到吉，就是占到凶，不可能吉凶参半，因为吉凶是互相对立的，他们一直有斗争性，互相排斥对方。这些性质就构成了阴阳对立。

第二，阴阳互根。也就是阴阳相互依存，是指阴阳双方各以其对立面的存在为自己存在的前提，即阳依阴而存，阴依阳而在，任何一方都不能脱离另一方而单独存在。如上与下、升与降、明与暗、寒与热，都是相互依存的阴阳双方——没有上就无所谓下，没有下也就无所谓上；没有升就无所谓降，没有降也就无所谓升；没有明就无所谓暗，没有暗也就无所谓明；没有寒就无所谓热，没有热也就无所谓寒。如此等等，都说明阴阳中的一方必须以对方的存在为自己存在的前提。这在《周易》中的体现，可以继续参照乾坤二卦里的君子和小人。他们虽然互相对立，但却谁也离不开谁，如果这个世界上没有了小人，那么君子也不复存在了，正因为有小人这个参照物，才出现了君子，人们才知道了君子的可贵。

第三，阴阳消长。阴阳学说认为，阴阳双方不是静止不动的，而是互相制约、互相斗争，即处于"阴消阳长、阳消阴长"的不断变化过程中。就季节变化而言，由夏至秋，气候由热变凉，是一个阳消阴长的过程；由冬至春，气候由寒变暖，是一个阴消阳长的过程。放到《周易》里就是泰卦和否卦。《泰卦·象传》里面有句话是"内君子而外小人，君子道长，小人道消也"。也就是说：君子在内，是主；小人在外，是客，客随主便。君子逐渐压制小人，阳逐渐压制阴，阴逐渐向阳转化。而到了否卦正好反过来，否卦的卦辞是："否之匪人，不利君子贞，大往小来。"大指代君子，也就是阳；小指代小人，也就是阴。君子往而小人来，肯定不是好的卦象，所以《否卦·象传》里解释说："内小人而外君子，小人道长，君子道消也。"这时候君子必须坚持勤俭节约的美德，以避开危险与灾难，而不能去谋取高官厚禄和荣华富贵。

仔细想来，这个卦辞很有道理。如果我们在乱世的时候出去做官，肯定无法施展才能，除非是同流合污，但是同流合污也是暂时的，等到阴消阳长的时候，也就是乱世结束的时候，又会被制裁。所以，君子在乱世都是忌讳做官的。孔子当初就劝诫将要去卫国做官的子路放弃。孔子认为卫国当时内乱频繁，不赞成子路去那里入仕，子路并没有听从，结果他在卫国的内乱中被杀。所以,《周易》也是利用阴消阳长的这一特性指导人们的行为的。

第四,阴阳转化。是指相互对立的阴阳双方,在一定条件下可各自向其对立面转化。此种转化,一般是指事物或现象总体属性的改变,即属阳者在一定条件下可转变为属阴,属阴者在一定条件下也可转变为属阳。阴阳转化可看成阴阳消长的结果,由量变产生了质变。这一点我们继续参照否泰二卦。否卦虽然是不好的,是阴长阳消的,但否卦的最后一个卦爻,也就是上九的爻辞是"倾否,先否后喜"。意思是说:时世闭塞不通的局面将要改变,发生了天翻地覆的变化;起初闭塞不通,后来顺畅通达,大家欢喜高兴。这和否卦的卦辞有矛盾,有些人不理解,为什么占到了否卦还有可能大吉大利?

其实,这就是阴阳转化的作用。这与凶到了一定程度就变成了吉是一样的道理。我们不用看也知道,泰卦的最后一卦肯定是不好的,吉到了一定的程度也就变成了凶。如果继续应用在做官这件事上,就是"君子藏器于身,待时而动"。也就是说,君子的内敛也好,躲避也好,都是暂时的,当到了否卦的上九这一爻后,就可以出来做官,一展抱负,因为这时候已经重阴则阳,阴阳完成了转化,从阴长阳消变成阴消阳长了。

阴阳转化的例子很多。越王勾践卧薪尝胆，最终打败吴王夫差的故事就是阴阳转化，只不过这里的阴阳是失败与成功。吴王夫差刚开始战胜勾践，以为会永远把勾践踩在脚下，志得意满，不思进取，最终他却被勾践打败，使勾践完成了失败到成功的转化。这就是由阴转阳。

阴阳对立、阴阳互根、阴阳消长、阴阳转化共同构成了阴阳之间的关系，而《周易》里面的卦辞也完全体现了阴阳之间的这种关系。所以，《周易》的确是建立在阴阳论基础上的阴阳学说。

《周易》六十四卦中包含了哪些哲理？

"哲理"在这里可以理解为做人的道理，它影响着人们的思维方式，而《周易》之所以被誉为"群经之首"，也是因为它的内容蕴含着深刻的做人道理。虽然有的道理已经很局限，属于原始的朴素哲学，但它对当时人们的生活实践产生了巨大的影响，也对后世中国的发展起到了相当大的作用。《周易》六十四卦中阐释的为人处世的道理，重点可以归纳为以下三类。

第一，阴阳变化，祸福相依。《周易》以阴阳变化来说明宇宙万物的一切现象。阴阳是对立统一的，无时无刻不在变化，《周易》的乾卦就很好地体现了这一意义。乾卦第一爻"潜龙勿用"为何勿用？因为力量不够强大，时机未到，此时阴盛阳衰，不可轻举妄动。到九二爻，"见龙在田"形势不同了，时机到了，也有一定的力量了，此时开始崭露头角，因为这时候阴已经有了衰弱趋势，阳开始上升。到九三爻，则是"君子终日乾乾，夕惕若厉，无咎"。意思是说，人应该既果断又谨慎地面对人生的高峰期。这时候阳进一步上升。但到了第六爻位"亢龙有悔"，因为飞得太高了，无处可发展，因而后悔了。这时候就是重阳则阴，阳到了极限又回到了阴，不是好兆头了。

福祸也可以用阴阳变化来解释，"祸兮福之所倚，福兮祸之所伏"。也就是说，坏事在一定条件下也可以引出好的结果，好事在一定条件下也可以引出坏的结果。这就告诫我们，不必为自己一时困难的处境而灰心，可以创造条件，改变这种处境，争取光明的前途。同样，正在飞黄腾达的时候，也不要被得意冲昏头脑，要当心物极必反，要为自己留下余地和退路。

第二，顺应天命，以待天时。顺应天命是古人天命观的体现。这句话通俗地讲就是做人做事要符合大自然的规律，等到自然规律允许的时候才能采取行动。而《周易》里经常会用自然规律反映社会现象，所以《周易》的每一个卦都包含有顺天的意思。比如比卦，上坎下坤，坎为水，坤为地，水与地亲密无间，象征君臣关系融洽，臣尽力辅佐君主，而君也虚心纳谏，君臣团结。涣卦，上为巽风，下为坎水，意为风行水上，虽有天灾，但不会殃及百姓。故卦辞说"利涉大川"。而关于革卦，象传中说：顺天而动，不失其时。"汤武革命，顺乎天而应乎人，革之时，大矣哉。"这句话说得很明白：商汤周武王的革命为什么能成功？根本原因就在于顺应了天命人心，又赶上了讨伐的好时候，而"革之时"可以理解为顺应天时。屯卦六二爻与六四爻都有婚姻之象，爻辞中都有"婚媾"之类的话，那为何六二爻所说的婚姻暂时不能成功，而六四爻说的婚姻却能无往不利呢？原因就在于时机。六二爻靠上，正好排在建国封侯的下面，太仓促所以一时不能成功，需要"待天时"；六四爻所说的婚姻，万事俱备，因而求婚者一去就会成功。

所以，人在世上不可能做到事事都如意，几乎总是一半成功，一半失败。所以，我们一方面应该努力地追求自己的理想，力求达成自己的目标；另一方面也不要把一次的成败看得过重，因为就算顺应了天命，还有天时。大自然的规律从来都不以人的意志为转移，人生的诸多不如意也并非都是人祸。

第三，各安其位，以信为本。《周易》认为，人之处世，第一重要的是要找到自己应处的位置。《周易》每卦都有六爻，由阴阳爻组成。阴阳爻各有其位。一、三、五爻位为阳位，二、四、六爻位为阴位，阳爻据阳位，阴爻据阴位，这叫当位。如若不然，则叫失位。当位叫"正"，失位叫"失正"。当位一般情况下是吉,而失位一般情况下是凶,这在侧面反映了如果一个人找准了自己正确的位置,认识到了自己所处的环境,那就等于成功了一半。以此观点推论,社会上种种祸乱产生的原因一般都是某些人不安分的缘故。比如,君不安君位,不负君主的责任,臣不安臣位,不守臣子的责任,那么,天下就大乱了。春秋战国时期的鲁国日渐衰败就是因为君臣失位引起的。

鲁定公的时候,有三名大臣掌握着鲁国的政治和兵权,合称三桓,三桓之间互相争斗,都想成为鲁国最有威信的人,甚至都有谋朝篡位杀了国君自立为王的想法,而鲁国的现任国君却昏庸无能,以为有三桓打理朝政就可以高枕无忧,所以整日沉湎于美色,夜夜笙歌,过着醉生梦死的生活。孔子担任鲁国国相的时候就发现了鲁国的君臣失位,于是想方设法地提高君位,抑制三桓,以达到君在君位、臣在臣位的目的。不过很可惜,三桓极力阻挠改革,孔子的政策施行举步维艰,就连鲁定公本人也不支持孔子,继续自己的荒淫生活而不顾孔子的劝诫。

很快,孔子就被三桓驱逐出了鲁国。孔子一走,鲁国的君臣失位更加严重,三桓的各自为政也使鲁国的国力日渐衰弱,由一个泱泱大国变成了衰弱的蕞尔小国,最终归于灭亡。

各安其位的道理和孔子的"君君臣臣，父父子子"是相似的，上至君臣，下至父子，再推及百姓，各按本位入座，找准自己的正确位置，才是安邦定国之法，之后就是对个人修身的要求了。《周易》小畜卦九四爻的爻辞："有孚，血去惕出，无咎。"意思是说，心怀诚信，就能免去伤害，脱出惕惧，不会有过失。"有孚"就是讲究诚信，《周易》谈"孚"很多，"孚"在《周易》十几个卦中出现，几乎占了三分之一。这些出现"孚"字的地方告诉我们，如果缺乏诚信，就会出现思想隔阂，就会产生纷争。比如讼卦，卦辞就说："讼，有孚窒惕。"意思是说，为什么会去打官司呢？是因为彼此的诚信被破坏了。这话说得很对，人与人之间，难免不发生利害冲突，如果大家各怀异心，藏着掖着不说事情，到最后事情就会发展到无法收拾。反之，如果有诚信，则可逢凶化吉，遇难成祥。比如，大有卦六五爻辞："厥孚交如，威如，吉。"意思是说，用诚信交接上下，得到大家的拥护、尊敬，因而很威严，吉祥如意。所以，只要处处以诚信待人，广施恩惠，其实是不必去问吉凶祸福的。益卦九五爻辞说得很清楚："有孚惠心，勿问，元吉。有孚，惠我德。"意思是说，你以诚待人，对方被感动，自然也会以诚待你。有众多的人相助，你还有什么可以担心的呢？自然凡事都是万事如意。

阴阳变化、祸福相依是事物之间的关系，顺应天命、以待天时是了解大自然的变化规律。而各安其位、以信为本是针对自己提出的修身宗旨，它们互相补充、互相渗透，指导人们的生活实践。

《易传》是对《易经》的曲解吗？

很多讲解《周易》的教科书上都会出现《易经》《易传》，有的书中还把《周易》和《易经》等同起来。那么，《易经》真的就是《周易》吗？答案是否定的。事实上，《易经》的内容加上《易传》的内容才是《周易》。《易经》是最原始的"易"，相传是周文王所创，只有六十四卦的卦名、卦辞和三百八十四爻的爻辞，而《易传》是孔子及其弟子所创，是一部战国时期解释和发挥《易经》的论文集。《易传》共七种十篇，分别是《彖传》上下篇、《象传》上下篇、《文言传》、《系辞传》上下篇、《说卦传》《序卦传》和《杂卦传》，统称为"十翼"。那么，《易传》和《易经》的本质相同吗？以《易经》为原本的《易传》能否正确表达《易经》的思想精髓呢？我们从《易传》的积极意义和消极意义两个方面来分析。

首先来分析积极意义。

第一,《易经》原本是占卜之用,其理论水平并不高,而《易传》对《易经》所做的解释却非常深刻。《易传》的作者认为《易经》是古代圣人观天象,对大自然的规律进行探究、效法的结果,因而《周易》六十四卦体现了天地阴阳变化的规律,从而使《易经》理论变得博大精深。另外,《易经》卦爻辞多是记录和叙述某一件事和某一现象。而《易传》把具体的卦爻辞上升到抽象的阴阳关系,从整体上对《易经》六十四卦加以分析和说明,揭示了卦与卦之间、卦象与卦辞之间、爻象与爻辞之间、卦与爻之间的内在联系,使《周易》六十四卦由原来的散乱不堪,变成了一个有机的、具有一定理论体系的统一体。

第二,《易传》对《易经》的卦象、爻象、爻位等做了详细说明,还保留了中国古代原始的占筮方法——大衍法。在《易传》产生之前的春秋时代,虽然用《周易》占问非常盛行,但对《周易》体例、筮法都没有说明,而《易传》在这一方面做了说明。这对研究《易经》的筮法起源有很大意义。可以说,若无《易传》,今人将不知古代《周易》的占筮方法。

第三,《易传》发挥了儒家伦理传统,从社会、人生道德角度注释《易经》,使《易经》变成了一本修身、占卜两用之书。因而学习《周易》既可以预测吉凶福祸，也可以提高个人修养，增强文化素质。战国时期著名思想家荀子曾经说过："善为《易》者不占。"他告诉我们，真正精通《周易》的人不去占卜，而是用于道德修养。当然，"不占"也包含它可以占，在荀子看来，学好《周易》可以占卜，也可以修身养性，而修身养性才是主要的。

其次来分析消极意义。

第一，"天尊地卑，乾坤定矣。卑高以陈，贵贱位矣。动静有常，刚柔断矣。""方以类聚，物以群分，吉凶生矣。"这两段《易传》里的话翻译出来就是："天尊贵，地卑下，这是由乾与坤的位次决定的。卑下、高贵依次排列，尊贵、低贱也就确定了。运动和静止有一定规则，刚健和柔弱由此划分。""人按共性聚在一起，物按类别相区分，吉祥和凶险由此产生。"天与地的确是中国传统思想最核心的出发点，《周易》开篇的乾坤两卦就是讲天与地的，但是，只要稍加对比就会发现，《易传》的作者不过是用天和地这一话题来阐发自己的思想，基本上与《易经》的乾坤两卦内容没有太大关系。说白了，就是借题发挥。而我们也知道，天地作为自然物，并无高低贵贱之分，人同样是如此。所以，这句话明显是对《易经》的曲解。尊卑观念是儒家的思想，而绝非《易经》的思想。

第二,"是故,君子居则观其象,而玩其辞;动则观其变,而玩其占。是以自天祐之,吉无不利。"《易传》里的这句话翻译出来就是:"因此,君子平时无事就观察卦象,揣摩爻辞,行动时就观察卦爻的变化。所以,君子得到上天的祝福,吉祥而没有不利。"也许《易传》的作者认为只有君子才是配用《易经》之人,才能得到庇佑,而小人则不安好心,处处碰壁。

第三,"鸣鹤在阴,其子和之。我有好爵,吾与尔靡之。子曰:'君子居其室,出其言善,则千里之外应之,况其迩者乎?居其室,出其言不善,则千里之外违之,况其迩者乎?言出乎身,加乎民;行发乎迩,见乎远。言行,君子之枢机。枢机之发,荣辱之主也。言行,君子之所以动天地也,可不慎乎!'"

这段《易传》中的话翻译出来就是,鹤在树荫中鸣叫,幼鹤应声附和。我有美酒,与你同享。孔子说:"君子在家中发表言论,如果说得好,那么千里之外的人也会响应,何况近处的人呢?在家中发表言论,如果说得不好,那么千里之外的人也会背离,何况近处的人呢?言论出于自己,影响到民众;行为产生在近前,远处也有反应。言论和行动,就像君子的枢机,枢机一发动,就决定着君子的荣辱。言论和行动,是君子用来影响天地万物的手段,难道能不慎重吗?"

"鸣鹤在阴"出自中孚卦,本以诗歌的形式表现男女相悦唱和,孔子却据此得出了君子对自己的言行要慎重的结论。同人卦里的"同人先号咷而后笑",本讲打仗时先被围后获胜的情景,孔子却认为是两个人要同一条心。而大过卦的"藉用白茅"说的是恭谨从事,孔子就此认为慎重无过。类似这样的主观解释未免太过牵强。

所以《易传》对于《易经》来说,一方面使《易经》化纷杂为系统,增加了理论基础和修身之法,帮助《易经》完成了从占筮之学到哲学的过渡;另一方面也使《易经》被曲解改造,变成了儒家思想的理论集,破坏了《易经》原本的思想内核,让后人很难正确地认识《易经》。这不能不说是一种遗憾。

第九章

《春秋》：必尊以经而后读之，须怀以诚敬之心

　　《春秋》即《春秋经》，又称《麟经》或《麟史》，是儒家经典的"五经"之一，是第一部华夏民族编年史兼历史散文集。

　　作为鲁国的编年史，《春秋》由孔子修订而成。《春秋》成为经书比《尚书》《诗经》《礼记》要晚，孔子晚年好《易》，又修订了《春秋》，后来《易》《春秋》才成为经。《春秋》中用于记事的语言极为简练，然而几乎每个句子都暗含褒贬之意，被后人称为"春秋笔法"。后来出现了很多对《春秋》所记载的历史进行补充、解释的书，被称为"传"。其中，成于先秦的较著名的是被称为"春秋三传"的《左传》《公羊传》和《穀梁传》。

后人所说的"春秋笔法"指的是什么？

春秋笔法，又称微言大义，指行文中虽然不直接阐述对人物和事件的看法，但是却通过细节描写、修辞手法和材料的筛选，委婉地表达作者的主观看法。据说孔子编写《春秋》，在记述历史时，暗含褒贬，并融入了儒家的学说，而后世作者为了阐述孔子的这种思想，撰写了专门的著作以解释《春秋》的内在含义。孔子修订的《春秋》中，第一次用到了"春秋笔法"，所以"春秋笔法"是孔子的首创。其中对"郑伯克段于鄢"一事的记载，就集中体现了"春秋笔法"的特点。我们摘取一部分译文做分析。

从前，郑武公娶了申国国君的女儿武姜为妻，武姜与郑武公结婚后生下庄公和共叔段。庄公出生时脚先出来，武姜受到惊吓，因此给他取名叫"寤生"，很厌恶他。武姜偏爱共叔段，想立共叔段为世子，多次向郑武公请求，郑武公都不答应。到郑庄公即位的时候，分封自己的弟弟共叔段到了制邑，大夫祭仲说："分封的都城，城墙如果超过三百方丈，会成为国家的祸害。先王的制度规定，国内最大的城邑城墙不能超过国都的三分之一，中等的不得超过它的五分之一，小的不能超过它的九分之一。现在，制邑的城墙不合法度，也不符合法制，您将要不能控制。"郑庄公说："姜氏想要这样，我能怎么办？"祭仲回答说："姜氏哪有满足的时候！不如及早处置，别让祸根滋长蔓延，一滋长蔓延就难办了。蔓延开来的野草还很难铲除干净，何况是您那受到宠爱的弟弟呢？"庄公说："多做不义的事情，必定会自取灭亡，你姑且等待。"

共叔段后来又把好几处土地划归自己统辖，一直扩展到廪延。子封说："可以行动了！土地扩大了，他将得到更多老百姓的拥护。"庄公说："对君主不义，对兄长不亲，土地虽然扩大了，也终将崩溃。"共叔段又修整了城郭，聚集人民，准备好了充足的粮食，修缮盔甲兵器，准备好了步兵和战车，将要袭击郑的国都。武姜准备为共叔段打开城门做内应。庄公知道了共叔段偷袭郑的日期，说："可以出击了！"于是他命令子封率领二百辆战车，去讨伐制邑。制邑的人民背叛了共叔段，共叔段于是逃到鄢城，最后还是被郑庄公杀死。

我们先看这个故事的名字《郑伯克段于鄢》。那为什么不说《郑庄公戮弟于鄢》呢？后者不是更简洁明白吗？其实不这样写是作者有意为之。

我们结合文章的意思来看，郑庄公灭弟弟共叔段的做法并不光彩，因为他在弟弟错误不大的时候选择睁一只眼闭一只眼，任由弟弟野心膨胀，当弟弟一错再错的时候，他又装成仁义之师灭掉弟弟，所以作者称其为"伯"，而不称他为"庄公"，这是贬低他的意思。同样他的弟弟也不像弟弟，整天想着取代哥哥的位置，所以称"段"，而不称"弟"，兄弟间像两国国君作战，并且两人是蓄谋已久，所以称"克"。

还有就是郑庄公杀死弟弟时所在的城池"鄢"也是意义非凡。春秋里的战役众多，作者有时候写清楚了战役地名，有时候不写，那这是作者忘记了地名吗？其实不然，这也是作者有意为之，因为"鄢"这个地方已经离郑国的领土很远了，郑庄公千里奔袭杀死弟弟就好像是从母亲怀里抢过弟弟杀死一样，是非常不道德的行为，作者把地名写清楚就相当于对郑庄公的又一次贬低。我们可以想象，如果作者有意美化郑庄公的话，就不会把地名写清楚了，而且也不会用"克""伯"等字眼了。再如，同样是杀人，又有"杀、弑、诛、戮"等不同字眼："杀"可指杀有罪之人，也可指无罪之人；"弑"在古代指子杀父、臣杀君，一般指下杀上；"诛"主要用于杀有罪，杀不仁者，可以下杀上，也可以是上杀下；"戮"的对象可以是有罪之人、不仁之人，也可以是无罪之人。显然，通过这些简单词语的运用就能委婉地表达出作者自己的价值观和道德观。

"春秋笔法"并不只限于字词，有时候语句的表达方式也可以巧妙运用"春秋笔法"。比如，《春秋·僖公二十八年》里有这样一句话："天王狩于河阳。壬申，公朝于王所。"这如果依照《春秋》里的翻译就是：周天子到晋国的河阳狩猎，晋文公知道后立即赶往河阳周天子的行宫朝拜。表现出周天子器宇轩昂，君临天下，而诸侯们战战兢兢，顶礼膜拜，不敢有丝毫怠慢的样子。其实仔细读过《春秋》的人会知道，当时晋文公野心膨胀，而且已经独揽大权，朝拜天子也不过是"挟天子以令诸侯"的把戏，因为公元前632年，晋文公率领晋、齐、秦等国军队打败楚、陈、蔡三国联军后，会合天下诸侯，举行会盟。为了表现会盟的威严，使自己的霸主地位合法化，特地叫来周王，用来制造"名人效应"。事实上，并不是晋文公朝拜狩猎的周王，而是周王被晋文公召唤，不得不来。所以，"春秋笔法"在一个句子上的运用，往往可以让整个句义产生南辕北辙的差距。

《春秋》是历史学著作还是政治学著作？

想要弄明白《春秋》是历史学著作还是政治学著作，我们首先要搞清楚历史学著作和政治学著作有什么不同，因为很多学者认为，正是由于两者概念的混乱才衍生出了许多关于《春秋》是何种著作的无意义争辩。也就是说，如果我们把政治著作和历史著作的本质区别分清楚了，那么对于《春秋》是何种著作的问题自然会迎刃而解。

我们先来解释历史学著作，所谓历史学著作就是以史实为基础，通过一定的编辑方法，最大程度还原历史真相的著作，而政治学著作是描写政治行为、政治体制，以及与政治相关领域为主的著作，我们将两者的概念一对比就可以得出一个结论，政治学著作里可以包含历史，而历史学著作里却不能包含政治因素。可以说，历史学著作和政治学著作一个最根本的区别就是"史实"，政治学著作里可以掺杂作者自己的主观思想,而历史学著作不可以有一点主观存在,必须实事求是。明白了这个道理,我们再分析一下《春秋》。

学术界对于《春秋》的史学价值一直存在质疑。胡适认为:"《春秋》那部书,只可当作孔门正名主义的参考书看,却不可当作一部模范的史书看。后来的史家把《春秋》当作史的模范,便大错了。为什么呢?因为历史的宗旨在于'说真话,记实事'。《春秋》的宗旨,不在记实事,只在写个人心中对实事的评判。"徐复观先生也说:"可以断定孔子修《春秋》的动机、目的,不在今日所谓'史学',而是发挥古代良史,以史的审判代替神的审判的庄严使命。可以说,这是史学以上的使命,所以它是经而不是史。"《史记》的作者司马迁也说了春秋记史的笔法与《史记》不同。司马迁明确指出:"余所谓述故事,整齐其世传,非所谓作也,而君比之于《春秋》,谬矣。"可见,连太史公司马迁都认为孔子的《春秋》不能当史实来看。

其实,我们在孔子修订《春秋》时的一个反常行为上就可以看出端倪。据史书记载,孔子修订《春秋》之始,并没有和其他史官商酌,修订过程中也没有寻求大家的帮助,就连他的弟子子夏也不能参与其中(子夏是孔子认为最适合编撰文章的弟子)。而《论语》的成书,子夏是功不可没的。但到了《春秋》的修订,是孔子一个人全权负责,这不能不让人怀疑《春秋》的史实性，但这也只是怀疑，并没有确切的证据证明《春秋》不是历史学著作，所以朱熹曾经为孔子辩护说："圣人作《春秋》，不过直书其事，善恶自见。"他的理由就是孔子曾经亲口说过写历史著作要用"直书"，而孔子作为圣人不可能欺骗世人。其实朱熹的话有一定道理，圣人欺骗世人的可能性不大。但孔圣人却运用了偷换概念的手段。《论语·子路》中就记载了这样一件事。

叶公沈诸梁，是个虚伪而傲慢的人，他在自己的食邑私自设立政权，自称为"公"。孔子周游列国的时候恰好就路过了叶公的领地，并且住了下来。叶公觉得，孔子一定会对自己自立为"公"的行为不满，说不定还会在见面时拿这个问题当面质疑他。因此，他十分害怕与孔子会面，终日忐忑不安，一再推脱，不与孔子会面，但同时他又觉得，孔子是个德高望重的人，如果推脱不见会造成民众的怀疑，传出去自己就会背上不懂得礼遇圣贤的骂名。于是思虑再三，叶公还是决定去见孔子，并且要让孔子觉得叶国已被自己治理得井井有条，夜不闭户，人人诚实守信。

于是叶公拜访了孔子，并在谈话中向孔子透露了一件发生在叶国的事情。叶公说："有一个人将邻居家迷失的羊偷偷地据为己有。邻居将这个人告到衙门，可是在辨认时，邻居却无法说明哪只羊是自己的。衙门因为他缺乏证据，断其为诬告。可是，被告的儿子亲自来到衙门，向判案的官吏坦白父亲偷羊的经过。官吏依照法律，处罚了他的父亲，同时，对告发父亲的儿子，也按照规定发给了他奖金。偷羊人的儿子还说："国法是神圣的，我要做诚实的百姓。"

　　叶公说完这件事后，脸上露出了得意之情，没想到孔子听完叶公的话之后不断皱眉，并对叶公说："在贵国，所谓正直的人，是指这一类人吗？"叶公听出孔子话里的讥讽味道，恼怒地说："因为他遵守国法，把诚实看得比父子之爱还要重要，这难道不是正直吗？"孔子却用怜悯的目光看着他，冷冷地说道："贵国把告发自己的父亲当作正直，但是在我的国家，被认为正直的人，与此完全不同。父亲帮儿子隐瞒，儿子为父亲隐瞒，这才是真正的正直。"

　　故事中的那个偷羊人的儿子如实地供述了父亲偷羊的事实，在孔子眼里却认为是不正直的表现，这也就是说在孔子眼中的"直"是以儒家的道德标准为根据的直，是自己心中"善"的道德观念，而并非事实的真相，而放到《春秋》之中我们也可以理解，孔子所谓的"直书"并不是追求史实的正确性，而是追求儒家价值观的合理性。孔子这种玩弄概念的行为和公孙龙"白马非马"的辩论异曲同工，骗过了无数世人的眼睛。

　　《春秋》其实是孔子借以表达政治理想的政治学著作，

而非历史学著作，所以贯穿其中的并不是求真、求实的思想。相反，指导孔子融入主观思想的正是论语中"父亲为儿子隐瞒，儿子为父亲隐瞒"的那种"直"的观念而已。这种意义上的"直"与历史学家对史学客观性的追求恰好相悖逆，所以将《春秋》当政治学著作来看，它是阐述儒家思想内核和政治理论的宝贵资料，但将《春秋》当成历史学著作来看，那它就是扭曲历史、望文生义的伪史。

孔子为什么要写《春秋》?

《春秋》在很长一段时间,被人们误解为历史学著作,各朝各代也就《春秋》性质的问题展开过无数的争论。经过种种曲折的考证和研究,人们才发现了《春秋》的猫腻,从而对《春秋》做出了最客观的评价,并把它定性为政治学著作。

《春秋》为什么会受到众多的误解呢?其中最主要的原因应该归结于孔子,因为当初孔子用编年体的方式写下了这本书,并把它归类为史书,而且信誓旦旦地说了写史需要"直"。这才是人们被蒙蔽的主要根源。后来《春秋》的秘密大白于天下,人们剩下的唯一疑问就是孔子为什么要曲笔写《春秋》?也就是他的写作目的究竟是什么?要解决这个问题,我们首先要知道曲笔的含义。

曲笔就是史学家屈从权贵或其个人情感而修史。曲笔的表现，或假人以美、藉为私惠，或诬人以恶、持报己仇，或谄媚于主、掩饰丑行、夸张美德。可以说，曲笔纯粹受制于主观情感。通常来说，曲笔有三个特点。

第一，婉转。要表达一个意思，又不好直接说出来，那就绕个弯说。这样，意思还是表达出来了，可看的人却不一定转得过弯来，似懂非懂。如此则达到了隐瞒真相的目的。

第二，简略。如果把一事件描述得非常具体，则绝大多数人一看就会明白。反之，如果只是轻描淡写、一句话带过，则绝大多数人就不可能了解到真实的内情了。如此即可隐瞒住真相。

第三，删除。把不利的记录删除掉，不写，这样真相就不会让后人轻易知道。所以曲笔是遵从事实下的隐晦，是用模糊的手法来表达真实的史事。曲笔不是捏造、杜撰。因为捏造、杜撰出来的东西本身就是假的，不是史实。这是根本区别。也就是说，孔子并没有瞎编杜撰一些虚假的故事，而只是有意隐瞒了一些真实的历史。那么，他究竟隐瞒了什么？又为什么要隐瞒？这就要从他毕生的追求来寻找答案了。

孔子一生都在推行仁政和礼义，所以他编的《春秋》是有很强烈的"惩恶扬善，克己复礼"的观念在里面的。他这样做主要有两个目的：一个目的是警告后世的乱臣贼子不要作恶多端，如果为恶，那么必遭天谴，并且会背上千古骂名。所谓"孔子作春秋，乱臣贼子惧"。可见，孔子是想把《春秋》当作一个警钟警示后人。他的另一个目的是树立榜样、立万代之师。孔子认为，儒家的仁政和礼义如果一直贯彻下去，几代之后就有可能营造出自己向往的"大同社会"。但要连续不断地贯彻这种仁义、礼义，就必须要有圣人作为榜样，所以孔子写《春秋》是想把那些明君、贤臣的光辉事迹记录下来作为后世的参照。可惜的是，人无完人，孔子后来发现他所尊敬的人、贤能的人、一些被世人所称道的人，或多或少都有劣迹。这就是理想和现实的矛盾。在那个残酷竞争的时代，根本就没有完全符合"仁""礼"的人存在，因为有这种矛盾存在，孔子不得已采用了曲笔的手法记录历史，这样既不违背史实，又把那些好人的劣迹巧妙地做了隐瞒，让他们能够作为榜样，流传千古。

从现在的意义上来讲，孔子的做法其实毫无用处，他的学说与思想就算在当时是最先进的，也会随着社会的发展逐渐落伍，慢慢退出政治舞台，而且他所向往的"大同社会"时至今日都没有实现，这不能不说是一种悲哀。但我们结合当时的社会局限性，也应该理解他的良苦用心，他本人也因为用曲笔写《春秋》背负了极大的心理压力。孔子73岁去世，71岁就停止写《春秋》的原因恰好也被记载了下来。

鲁哀公十四年春，孔子和弟子路过一个树林时恰巧看到两个猎户捕获了一只怪兽归来。孔子看了说："这是麒麟啊！它为什么来啊？为什么来？"边说边掩面大哭，涕泪沾襟，绝望地说："吾道穷矣！"弟子们纷纷上前劝慰，过了半晌，孔子悲哀的心绪才渐渐平静下来。从此，孔子常常独自一人到僻静的地方暗自流泪，并不时自语："吾道穷矣！"

一次子贡问孔子："您的儿子去世，也没见您如此伤心过。麟麟丧生，与您的大道有什么关系？"孔子说："麒麟是吉祥的神兽，在太平之世才会出现，并且翱翔天际，无忧无虑，如今却被射死，可见当今世道混乱，而我的理想注定不能实现。"子贡回答说："老师的政治主张，宏大至极，现在也许不能实行。但您的著作已经快完成了，可以传至万古而不灭，倘若一遇到明君，自然可以实行。"

三天之后，孔子把在曲阜的众弟子召集起来，将他的所有著作交给众弟子，命他们分头传抄，然后各藏一部，又单独把未完成的《春秋》交给信任的弟子保存，嘱咐他们一定要将经书完成。

由此可以看出，孔子对自己思想和主张的实行和落实是很悲观的，所以他才发出了"吾道穷矣"的感慨，害怕自己的仁政、礼义会随着自己的去世而消亡，而就是在这种恐慌心理的驱使下，孔子创作了《春秋》，把自己的仁政、礼义融入编年体史书之中，好让人们潜移默化地吸收自己的思想，从而一传十、十传百地继承儒家的思想内核，但他明知史实而又曲笔改写的行为是自己也不能够原谅的，所以他看到麒麟死亡后，从此收笔，再也不写《春秋》了，转而让自己的弟子完成自己的遗志。

《春秋》中的"大义"是"忠义"吗?

最早提出"义"这个概念的是管子,也就是帮助齐桓公称霸的管仲。《管子·牧民》中说:"四维不张,国乃灭亡……何谓四维?一曰礼、二曰义、三曰廉、四曰耻。"他认为"义"是合理且应该做的事。例如,自己的思想行为符合道德标准,能担当大任,但从来不自己推荐自己,就是符合义的要求。

后来儒家的代表人物孔子也提出了"义"的概念。孔子认为,"义"是仁义、礼义,仁和礼是内容,而义是形式。《礼记》里说:"义者,艺之分、仁之节也。""义者"这个"义"就是道德、仁义;"艺之分"这个"艺"是艺术的"艺"。"义者,艺之分、仁之节也",是要求我们根据不同的标准,不同的情况,不同的程度来实现仁。"义"是仁的标尺和表现形式,所以"义"并不是绝对的,要具体问题具体分析。总结概括起来可分为下面两点。

第一,根据人的身份不同,"义"的表现不同。比如一位将军的本职工作是带兵打仗,保家卫国,但他却越俎代庖去管理政务、批阅奏折,那就是不"义"。

第二,根据遇到的事情不同,"义"的表现也不同。比如一位老母亲身体非常不好,她的儿子因公殉职了,这个时候,你就不一定立刻跟她说实话,不然这位老母亲精神上可能会受不了。所以这个时候说谎才是符合"义"的。"义"的内涵我们虽然知道了,但孔子作《春秋》时又从自己的"义"里引申出了"春秋大义"的概念,后人认为"春秋大义"就是《春秋》这本书里所体现出来的儒家之"义"。宋代的苏轼在《刑赏忠厚之至论》中提出:"《春秋》之义,立法贵严,而责人贵宽。因其褒贬之义,以制赏罚,亦忠厚之至也。"可见,"春秋大义"是根据儒家的行为准则、褒贬原则来制定的"义"。《春秋》里宋穆公不传子一事就体现了"大义"的重要性。

宋穆公病重,召见司马孔父嘉前来,把与夷嘱托给孔父嘉说:"先君宋宣公舍弃他的儿子与夷而立我为国君,我不敢忘记。如果托大夫的福,我死后得以保全脑袋,先君如果问起与夷,我用什么话回答呢?所以请您辅佐与夷来主持国家事务。"孔父嘉回答说:"可是群臣们都愿意辅佐您的儿子公子冯。"宋穆公说:"不行,先君认为我有德行,才让我主持国家事务。如果我丢掉道德而不让位,这就是废弃先君的提拔,哪里还能说有什么德行。"于是,宋穆公将两个儿子公子冯和左师勃驱逐出宋国,让他们到郑国居住,并对他们说:"你们虽然是我的儿子,但我活着时不要再来见我,我死后也不要来哭我。"与夷听到后,就对宋穆公说:"先君之所以不把国家交给我,而把国家交给您,是认为您可以做好社稷宗庙的主人。现在您将自己的两个儿子驱逐,准备把国家交还给我,这并不是先君的本意。如果儿子可以驱逐,那么先君为什么不把我赶走呢?"宋穆公说:"先君不驱逐你的原因可以理解,我在国君这个位置上,仅仅是摄政,最终还是要把国家交还给你。"

同年八月初五,宋穆公去世,与夷继位,是为宋殇公。宋殇公十年(鲁桓公二年,公元前710),太宰华督杀害宋殇公,从郑国迎回公子冯拥立为君,是为宋庄公。

孔子说:"富而可求也,虽执鞭之士,吾亦为之。如不可求,从吾所好。"意思是说,财富如果可以求得,就算给人家赶车,我也愿意。如果不符合义,那还是做我喜欢的事情。可见,孔子把"义"放到了一个很高的位置。反观这个故事,宋穆公认为当初宋宣公传位给自己是很大度的表现,并且让自己得到了不应该得到的东西,所以心存感激。在他临死的时候,采取了报恩的行为,传位给了宋宣公的儿子与夷。宋穆公认为这种大恩就是大义。其实不然。在儒家看来，国君不把位子传给自己的儿子是不符合"礼"的行为。上面说了义是仁、礼的表现形式，所以宋宣公的行为已经违背了大义，而宋穆公一错再错，这才是造成宋殇公被杀害，国家继续动乱的根本原因。

我们虽然明白了"春秋大义"，但"春秋大义"和我们现在说的"忠义"又有什么区别和联系呢？

忠义自古以来的适用对象就是为国、为君，而"忠孝两全"就是古人一直追求的人生目标。儒家的忠义大体也是如此，只不过范围更广一些。从《论语·学而》中的"为人谋而不忠乎"可以推测出，儒家的忠义指的是尽心为人办事，不分对上与对下。

但"忠义"和"春秋大义"是有区别的。忠义的重点是"忠"，而大义的重点是"义"。我们再取上面的示例分析，宋宣公传位给宋穆公的时候，宋宣公是国君，宋穆公当时的身份是臣子，宋穆公听从宋宣公的话继位，本身就是一种忠于国君的表现，并没有违背"忠义"。但没有违背"忠义"不代表没有违背"大义"。可见，"大义"和"忠义"之间虽然有交集，但绝对不能够等同。而且儒家认为，"大义"是根本，是高于"忠义"存在的。"忠义"和"大义"之间的区别在《左传·伍子胥奔吴》中得到了很好的体现。

楚平王在蔡国的时候，蔡国郿阳边境官员的女儿私奔到他那里，生下太子建。到平王即位时，便派伍奢当太子建的老师，派费无极当少师。费无极得不到宠信，想要诬陷太子，就对楚平王说："太子建和伍奢准备率方城以外的人反叛，如果晋国也帮助他，楚国就危险了。"楚平王相信了他的话，就责问伍奢。伍奢回答说："君王有一次过错就够严重了。为什么还要听信谗言？"楚平王大怒，把伍奢抓了起来，派奋扬去杀太子建。奋扬并没有照做，反而协助太子建逃往宋国。楚平王召来奋扬说："话出自我的口中，进入你的耳朵，是谁告诉了太子建？他怎么知道我要杀他？"奋扬回答说："是臣下告诉他的，君王曾经命令臣下说：'侍奉太子建要同侍奉我一样。'臣下不才，不能随便有二心。臣下照当初的命令对待太子，不忍心照后来的命令做，所以送走了太子。"楚平王说："你还敢来见我，为什么？"奋扬回答说："接受命令而没有完成，再召见不来就是第二次犯错误了。臣下就是逃走也无处容身。"

楚平王听后赦免了他，但仍有杀太子建之心，而费无极趁机进言说："伍奢的两个儿子伍尚和伍子胥都很有才能，如果他们和太子建到了吴国，必定后患无穷，不如以赦免他们父亲的名义召他们回来，然后杀死他们。"于是楚平王就派人去召他们回来，说："只要你们肯回来，我就赦免你们的父亲。"伍尚对弟弟伍子胥说:"我们回去吧,父亲说不定就会被赦免。"伍子胥摇摇头说:"平王之所以不敢杀父亲,是因为我们不在他的掌控之中,如果我们回去,会被一网打尽。"伍尚说:"父亲能有一线生机我就不放弃,这是孝顺,明知会死也要去,这是勇敢,再说国君召见,我不去这不是不忠吗?"于是伍尚回到了楚平王那里,但他却和伍奢一同被处死,而伍子胥逃到了吴国,准备为父亲报仇。

伍子胥在父亲被威胁的时候放弃了救父亲的唯一机会,并且拒绝了国君的召见反而投靠敌国,这明显不是忠义的表现,但孔子在《春秋》中对伍子胥却是持赞扬态度的。孔子认为:父亲如果是被国君冤杀的,可以复仇;如果父亲不是被国君冤杀,则不能复仇。楚平王冤杀了伍子胥的父亲,所以伍子胥复仇并没有什么不妥,这和孔子的"君君臣臣,父父子子"是一样的道理。国君守君道,我们推翻他,就是大逆不道;国君无道,我们推翻他就是替天行道。

孟子和齐威王的谈话中也体现了这种思想,当齐威王问孟子:"臣子可以杀死自己的君王,篡权夺位吗?"孟子说:"那些不仁不义,残暴的人不配当国君呀,既然他们不配当国君,为什么不能推翻他们呢?"所以按照儒家的思想,《春秋》中的"大义"并非"忠义",而且"大义"高于"忠义"而存在,舍"忠义"而取"大义"才是正确的做法。

为什么孔子说"知我者,其惟《春秋》乎!罪我者,其惟《春秋》乎!"

"知我罪我,其惟春秋"出自《孟子·滕文公下》:"《春秋》,天子之事也。是故孔子曰:'知我者,其惟《春秋》乎!罪我者,其惟《春秋》乎!'"大意是说,我做的这些事,写的这本书,后人一定会毁誉不一、褒贬不一,但我只要认为这是对的,是有价值的,不论别人如何评说,我都会坚定地做下去!看到这里,我们不得不佩服孔子的先见之明——他创作的《春秋》的确被世人褒贬不一,而且后世对于《春秋》的争论一直就没有停止过。那孔子修订的《春秋》到底为什么会被后人褒贬呢?

大多数人认为,最能体现儒家思想内核的是《论语》。很长一段时间,《论语》都被当成研究儒家思想和学说的唯一参考资料。事实上,最有价值的参考资料是《春秋》。而

《春秋》被褒扬的原因有以下三点：

第一，《春秋》里的儒家思想是隐在史料之中的，不容易被发觉。像《论语》《孟子》《墨子》这样的政治学说遇到焚书坑儒这样的政策时，很容易被毁掉，纵使保留下来一部分，也会在漫长的传承过程中被人篡改、曲解，就好像董仲舒曲解的"三纲五常"一样，让人们误以为是先秦儒家的思想内核。而《春秋》的编年体史书形式正好可以蒙混过关，成为历代统治者焚毁、修改的盲区，因为是所谓的"史书"，不是政治学说，所以不会受到过多关注。这就为后世研究儒家学说、先秦时期儒家思想提供了极大的便利，而因为不易被修改，所以准确性也非常高。

第二，《春秋》里的儒家思想是融入了历史事件之中的，便于理解。空口谈的政治思想往往让人摸不着头脑，但如果有示例说明的话就不同了，以史为鉴更能发人深省，这也就是理论联系实际的道理。

第三，暗藏惩恶扬善、拨乱反正的思想。平平淡淡的编撰叙述史实会让人产生不了共鸣，而《春秋》就不一样了，孔子在《春秋》中巧妙地运用了春秋笔法，暗含褒贬，使人们潜移默化地吸收了儒家的大义，并且能够让读者明辨善恶和是非曲直，起到了震慑乱臣贼子的效果，为维护社会的安定起到了一定的积极作用。

《春秋》既然有诸多优点,那后世为什么要因为这本书而贬低孔子呢?问题就出在这第三点。

史书最重要的核心就是要符合"史实",直笔而书是史书的根本,否则就不能称为史书。作为编年体史书的《春秋》同样应该如此。其实,孔子写《春秋》本来也是要用直笔来写的,但是写来写去,发现直笔书写不能起到痛斥乱臣贼子、标榜伟人的作用,于是他转而用春秋笔法,这就为后世考证历史增加了不小的难度。左丘明曾经说过:"《春秋》的记述,用词细密而意思显明,记载史实而含蓄深远,婉转而顺理成章,穷尽而无所歪曲,警诫邪恶而褒奖善良。"左丘明虽没有贬低孔子,但也指出了孔子的《春秋》带有主观色彩,并非对历史实事求是的记载,而且孔子的惩恶扬善又是按照儒家的大义为标尺的,忠奸善恶,是非黑白自古至今都说不清楚,何况是春秋战国时代的孔子呢?这在《左传·晋灵公不君》一文中就能体现出来。

晋灵公不行君道,大量征收赋税来满足奢侈的生活。他从高台上用弹弓射行人,观看他们躲避弹丸的样子。厨师没有把熊掌炖烂,他就把厨师杀了,放在筐里,让宫女们用车载经过朝廷。大臣赵盾和士季看见露出的死人手,便询问被杀的原因,并为晋灵公的无道而忧虑。他们准备规劝晋灵公,士季说:"如果您去进谏而国君不听,那就没有人能接着进谏了。让我先去规劝，他不接受，您再接着去劝谏。"

士季去见晋灵公时往前走了三次，到了屋檐下，晋灵公才抬头看他，并说："我已经知道自己的过错了，打算改正。"士季欢喜而去，可是晋灵公仍然没有改正。赵盾又多次劝谏，使晋灵公感到厌烦，晋灵公便派鉏麑去刺杀赵盾。鉏麑一大早就去了赵盾的家，只见卧室的门开着，赵盾穿戴好礼服准备上朝，时间还早，他和衣坐着打盹儿。鉏麑退了出来，感叹地说："赵盾时刻不忘记恭敬国君，真是百姓的靠山啊。杀害百姓的靠山，这是不忠，背弃国君的命令，这是失信。不忠不信中有一样违背了，还不如去死！"于是，鉏麑一头撞在槐树上死了。

九月，晋灵公请赵盾喝酒，事先埋伏下武士，准备杀掉赵盾。赵盾的车夫提弥明发现了这个阴谋，快步走上殿堂，说："臣下陪君王宴饮，酒过三巡还不告退，就不合礼仪了。"于是他扶起赵盾走下殿堂。晋灵公唤出了猛犬来咬赵盾。提弥明徒手上前搏斗，打死了猛犬。赵盾说："不用人而用狗，即使凶猛，又有什么用！"他们两人与埋伏的武士边打边退。结果，提弥明为赵盾战死了。当初，赵盾到首阳山打猎，住在翳桑。他看见有个叫灵辄的人晕倒了，便去问他的病情。灵辄说："我已经多日没吃东西了。"赵盾给他东西吃，他留下了一半。赵盾询问原因，灵辄说："我给贵族做仆人已经三年了，不知道家中老母是否活着。现在离家近了，请允许我把这一半留给她。"赵盾让他把食物吃完，另外给他准备了一篮饭和肉，放在口袋里给他。不久，灵辄做了晋灵公的武士，他在搏杀中把武器倒过来抵挡晋灵公手下的人，使赵盾得以脱险。赵盾问他为什么这样做，他回答说："我就是在翳桑的饿汉。"赵盾再问他的姓名和住处，他没有回答就退走了。后来赵盾自己也逃亡了。

九月二十六日，赵穿在桃园杀掉了晋灵公。赵盾还没有走出国境的山界，听到灵公被杀便折返回来了。

这篇《左传·晋灵公不君》的译文几乎完全还原了史实，但是孔子的《春秋》原文里最后却加了这样一句话："晋赵盾弑其君夷皋。"这猛一看让人困惑不已，甚至还会气愤，晋灵公昏庸无道，赵盾屡次劝诫无效，召来了晋灵公的杀心，他刺杀赵盾没成功，被赵盾杀出血路逃走。这些都是显而易见的事实，但孔子却认为是赵盾杀了晋灵公，这明显是在扭曲历史，而且在今天看来这也解释不通。其实，孔子这样做是有自己的想法的。他之所以说"赵盾弑其君"，有两方面原因。

第一，他逃亡，却没有逃出国境。按照当时的礼法，臣下逃离了国境，君臣之义就断绝了，就可以不承担效忠君主的责任了，而没逃离国境就要为君主负责。

第二，他回来后没有声讨赵穿。赵穿是赵盾的族人、晋灵公的女婿，按照礼法，赵穿杀死国君是大逆不道的行为，而赵盾作为正卿，返回国都后应该立刻声讨赵穿。但据《左传》记载他没有。客观事实虽然是赵穿杀死了晋灵公，但在孔子看来，赵盾作为晋国正卿，"亡不越竟，反不讨贼"应该对晋灵公之死承担责任，所以他书"赵盾弑其君"也是合乎礼法标准的。

现在，我们也许能明白孔子说："知我者，其惟《春秋》乎！罪我者，其惟《春秋》乎！"的真正原因了，也能理解孔子曲笔而书的良苦用心。惩恶扬善，维护国家长治久安，让儒家思想得以源远流长是因为这部《春秋》；不尊重史书的规范，主观地渗透自己的思想，让后世误解历史也是因为这部《春秋》。那孔子作《春秋》到底是对是错呢？相信拥有不同价值观的人各有自己的答案。

为什么说"《春秋》,天子之事也"?

"《春秋》,天子之事也"出自《孟子·滕文公下》。意思是说:《春秋》是和天子之事有关的书。很多人将其注释为"天子的职权",或者"天子的事情"。如果真是这样一句简单的话,孟子为什么要记录在著作当中呢?这句话是否有更深层的含义呢?答案是肯定的,孟子的这一说法在深层次上涉及中国先秦时期史官和天子之事之间的联系。《春秋》和"史记旧闻"的关系,明代朱熹曾将所谓"天子之事"的大要归结为"惇典、庸礼、命德、讨罪",这应该接近孟子的本意。然而,孔子作《春秋》是怎样与"天子之事"联系在一起的呢?"史记旧闻"又是一些什么样的著作呢?我们逐个进行分析。

自孟子提出"孔子作《春秋》"以后,人们开始研究孔子的《春秋》是以什么为材料来源而创作的。司马迁曾说孔子:"西观周室,论史记旧闻,兴于鲁而次《春秋》。"可见,《春秋》的蓝本有很大的可能就是此处所说的"史记旧闻",而"史记旧闻"类似于《周礼》中大史所掌管的文书。据《左传》等典籍的记载,卫、鲁、周、齐、郑等国都有大史。他们就是那些"史记旧闻"的记录者。虽然春秋时期各诸侯国的大史是否为周王派遣的史官尚不清楚,但从相关文献的记载看,周王室大史所掌管的"法"与"则",仍为当时史官共同遵守的"直笔"原则。所以在当时"法""则"的框架范围下,史官们的记录真实有效,而且他们所记"史记旧闻"不光是史实,还承载着"寓褒贬,别善恶"等王道观念。这种王道观念就是孔子等早期儒家所向往的仁人爱物之道,就是天下"大顺",也就是孟子所说的"天子之事"。例如,史官董狐在赵盾一事上,就按照周朝的礼义直书"赵盾弑其君",此后,早期儒家又继承了周代以来的教化传统,十分注重对社会人心的教化。从某种意义上讲,儒学就是关于社会人心的教化之学。孔子也说过:"入其国,其教可知也。"(《礼记》)所以当时的"史记旧闻"在客观上可代行"天子之事",起到教化世人的作用。但是好景不长,随着齐国两名史官的被杀,各国的史官面临了前所未有的挑战。

齐庄公和大臣崔杼的妻子棠姜私通,经常偷偷溜到崔家去,崔杼因此怀恨在心,恰好齐庄公乘晋国动乱而进攻晋国，崔杼于是想杀死齐庄公来讨好晋国，只是一直没有得到机会。恰好齐庄公鞭打了侍从贾举，崔杼借机亲近贾举，贾举高兴地答应为崔杼找机会杀死齐庄公。

五月十七日，齐庄公假意探望崔杼，乘机又与棠姜幽会。棠姜进入室内，崔杼从侧门出去。侍从贾举禁止齐庄公的随从入内，自己走进去，关上大门。里面的甲士们一哄而起，齐庄公登上高台请求免死，众人不答应，都说："君王的下臣崔杼病得厉害，不能听取您的命令。这里靠近君王的宫室，陪臣巡夜搜捕淫乱的人，此外不知道有其他命令。"齐庄公无奈跳墙，有人用箭射他，射中大腿，掉在墙内，甲士们就杀死了他。

十九日，崔杼拥立景公为国君而自己出任宰相。太史记载说："崔杼杀了他的国君。"崔杼大怒，杀死了太史。他的弟弟接着这样写，又被崔杼杀死。太史还有一个弟弟也这样写，崔杼再没大开杀戒。

崔杼弑国君的事情虽然最后被记录在了史册之中，但这件事从侧面反映了春秋战国时期，拥有权力和地位的人已经开始干扰史官的正常撰史了，那些权贵都想让自己在史册中有一个不错的位置，最好是生前名声万里，死后流芳百世。为此，他们可以不惜以史官的生命作为代价。崔杼杀史官的行为在当时也不过是一个典型而已，各国诸侯或多或少都有让史官改造历史的行为,这样就极大地影响了史官的"直笔"而书,而"史记旧闻"就这样逐渐失去了代行"天子之事"的作用,变成了为当权者歌功颂德的工具。孔子认为这种对历史、对天子之事的亵渎,是造成礼乐崩坏的一个重要原因。

在孔子看来,"礼乐征伐"应当"自天子出"。可以说,这正是衡量天下是否"大义"的标准。先秦时期的战争常常是天子授命于诸侯,如殷大丁四年,周王季历为殷牧师,负责征伐北方戎族的侵犯,商纣赐"弓矢斧钺"于姬发,由此文王拥有代商王征伐的特权。从原则上讲,只有天子的"礼乐征伐"才具有合法性,才能称为"正义"。但是,到春秋时期,随着周王室的衰微,"礼乐征伐"实际让位于诸侯之"伯"。所谓春秋"五霸"之类即是其中的代表。

齐桓公能"不以兵车"而"九合诸侯";晋文公因"卫成公不朝"而"告于诸侯而伐卫";楚庄王"伐陆浑之戎"而"问鼎之大小轻重"。在孔子看来,这正是所谓"天下无道"的局面。春秋时期,"天子之事"的混乱还体现在诸侯、士大夫对礼制的僭越上。周初对礼乐有着严格的限定,如庙堂舞乐的使用、名山大川的祭祀,等等。《论语·八佾》中就有鲁"三桓"无视周礼而僭越的记载,而孔子对此也提出强烈批评,说了"是可忍,孰不可忍"的话。因此,在旧的礼制被打破、新的礼制尚未建立之际，天子之礼不仅人人可以使用，而且甚至有的诸侯还自立为王，享受国君的礼义和待遇。周王室逐渐失去了对诸侯的控制权，随着朝聘制度的解体，旧有的秩序也就名存实亡了。

自周平王东迁后，王室更加衰微，礼制秩序遭到更深的僭越。混乱程度日益加深，孔子开始思考维护社会秩序的"惇典、庸礼、命德、讨罪"等"天子之事"，在这样的背景下，孔子作《春秋》，将其"大义"观念贯穿于史书之中，形成新的"史记旧闻"，接替史官继续代行"天子之事"。希望能以此警醒世人，让更多的人遵守仁义和礼义。

《曹刿论战》体现了哪些儒家思想？

"曹刿论战"与"郑伯克段于鄢"并称为《春秋》中的名篇。"曹刿论战"出自《左传·庄公十年》。"曹刿论战"是后人所起的章名，又叫作"齐鲁长勺之战"或"长勺之战"。

长勺之战发生在公元前 684 年，是历史上以弱胜强的著名战例之一。"曹刿论战"讲述了曹刿对长勺之战的评论，并在战时活用一系列道理击退强大齐军的史实。那么，这篇文章到底体现了儒家的哪些思想？又告诉了我们怎样的人生道理？我们先来回顾一下这个故事。

曹刿是周文王之子曹叔振铎的后人。鲁庄公十年（公元前 684 年），齐桓公伐鲁。鲁庄公和群臣大惊失色，不知所措。这时，一直隐居梁甫山的曹刿求见庄公，主动提出为抵抗齐军出谋划策。他的同乡人说："那些每天都吃肉的人在那里谋划，你又去参与什么！"曹刿说："吃肉的人鄙陋不灵活，不能做长远考虑。"于是他入宫进见庄公。庄公问曹刿："齐强鲁弱，我们能打胜吗？"曹刿反问："国君您感觉自己为百姓办了哪些好事，能使百姓和您同心同德去战胜敌人？"庄公说："我虽尽责不够，不过还是时时想到百姓。吃穿不敢独享，常常分给身边的大臣。"曹刿说："这很好，但只靠施这些小恩小惠，百姓是不会真心实意跟国君去作战的。"庄公说："祭神用的猪牛羊、玉器丝织品等，我从来不敢虚报夸大数目，一定对神灵说实话。"曹刿说："但是小小信用不能取得神灵的信任，神灵是不会保佑你的。"庄公又说："我还能时刻想到百姓疾苦，凡重要诉讼案件，都亲自考察，不因自己所爱而滥赏，不因自己所恶而加刑，一定按实情做出处理。"曹刿高兴地说："好！真能做到这样，我们就可以和齐国一决雌雄了。"

庄公进一步问："我们用什么方法才能战胜齐国呢？"曹刿说："打仗要根据战场的千变万化随机处置，决不能事先凭空决定采用什么固定的战法。我愿和陛下一同率军前去作战，根据实际情况谋划。"庄公认为曹刿讲得有理，遂同曹刿一起带领大军迎敌。齐、鲁两军在长勺摆开了阵势。齐主将鲍叔牙首先下令击鼓进军。齐军呐喊着向鲁军阵地冲来。庄公见状，也欲击鼓迎战。曹刿连忙制止，并要庄公传令全军严守阵地，不得乱动和喧哗，擅自出战者斩。鲁军纹丝不动，齐军冲不破阵势，只好退了回去。鲍叔牙又下令第二次击鼓进攻，齐军重整精神，再次向鲁军阵地冲来，鲁阵仍岿然不动，齐军又一次退了回去。

鲍叔牙见鲁军两次不出动，以为是怯阵，下令第三次击鼓进攻。这时，曹刿果断地告诉庄公击鼓冲锋。随着鼓声，鲁阵中杀声骤起，士兵们像猛虎出笼般冲杀过去，其势迅雷不及掩耳。齐军被杀得七零八落，丢盔卸甲，狼狈溃逃，公子雍也被庄公一箭射死。庄公见齐军败退，欲下令立即追击。曹刿忙说："别急。"他仔细察看了齐军逃走的车辙，又登上战车车厢前的横木向齐军逃跑的方向瞭望了一阵，方要庄公下令全力追击。鲁军追杀了30余里，斩杀、俘虏了许多齐军，缴获辎重无数，全胜而回。

战后，庄公问曹刿为何直到齐军第三次击鼓进军时才要下令出击。曹刿说；"打仗主要靠士气，而击鼓就是为了鼓舞士气。第一次击鼓进攻，士气旺盛；第二次再击鼓进攻，士气就已经衰落了；待到第三次击鼓进攻，士气几乎已消失殆尽了。而我军正是一鼓作气，勇气十足之时，当然就能把对方打败。"庄公又问："为什么齐军逃走了，你不让马上追赶呢？"曹刿说："大国之间交锋，虚虚实实，齐军虽退，也要特别提防有诈。所以我先察看后出击。"庄公十分佩服，说："你是真正的军事家！"于是庄公拜曹刿为大夫，并把女儿嫁给了他。

鲁国能够以弱胜强，主要有以下三个原因：

第一，仁政爱民，遵守礼义。这一点在鲁庄公和曹刿战前的对话中表现得十分清楚。曹刿见到庄公后，开门见山地问其何以为战。庄公说，生活中的衣服食物，不敢独享，必定要分给身边的人。曹刿却认为这是小恩小惠，和群众没有任何关系。庄公又说，祭祀时所用供品一定合乎礼法，从不敢擅自更改。曹刿同样不以为然。直到庄公讲到他在处理案件时，无论大小，总是根据实情、慎重处理时，曹刿才表示赞许。从他们的这番对话中，我们可以看出曹刿的军事理论是以民为本的。在《春秋》另外的篇章中也有"为政者不赏私劳，不罚私怨"这样的话，都是在提醒统治者不能无故奖赏对自己有恩惠的人，不能借故惩罚与自己有私仇的人。这两点中的第一点容易做到，但第二点想要做到就有点难了——人都有复仇的欲望，也喜欢以自己的喜好行事，一旦得势难免控制不住自己，从而招致百姓的怨恨，但庄公能做到公平公正地处理政务，处理和百姓之间的关系，这其实也是长勺大战胜利的先决条件，正应了孟子那句"民为贵，社稷次之，君为轻"。

第二，屈尊尚贤，君民一心。面对强敌压境的紧张形势，鲁国上自国君庄公，下至平民曹刿，均以国家利益为重，发愤图强。曹刿虽出身平民，却有"国家兴亡，匹夫有责"的豪气，毛遂自荐请求破敌。鲁庄公知道自己才能平庸，所以屈尊降贵，任用一介布衣曹刿，关键时刻又能从谏如流，向曹刿虚心求教。曹刿如有才而不出，庄公仅依靠"肉食者谋之"，断难取胜。反之，庄公如果看不起平民出身的曹刿，不接受曹刿的理论，那么也促成不了这一次被人称道的君民合作。所以只有尊重百姓的君主，才能受到百姓的拥护。这正是孔子"其行己也恭，其事上也敬，其养民也惠，其使民也义"的具体体现。

第三，狭路相逢，用智为上。曹刿根据齐军来势凶猛、人数占优的实际情况，采取坚守不出、挫其锐气的策略，没有盲目地以卵击石，而是通过双方勇力的此消彼长，很快扭转了力量对比的优劣关系，结果一举溃敌。取胜之后，曹刿也没有盲目追击，因为他深知兵不厌诈之道，小心谨慎，在确定了对方的虚实之后，才下令追赶，最终完胜敌军。这就好像子路问孔子的一句话："您若率领军队，那么与谁共事呢？"孔子回答说："徒手斗虎，徒步过河，死了都不后悔的人，我不会与他共事。"可见，孔子也认为，作战取胜的关键在于智，而不在于勇。